Voltaire/Newton (...et inversement)

A [illegible]

Depuis l'utopie a permis de tracer quelques chemins vers la vérité

Amitiés

[illegible]

"Tout gravite vers un centre commun !"

Amicalement.

[illegible]

à Karen, *à Sophie,*

aux enfants

Gabrielle Émilie le Tonnelier de Breteuil, Marquise du Châtelet,
scientifique et philosophe,
traductrice des Principia Mathematica *de Newton.*

Avant-propos

Avril 1727. Voltaire en exil à Londres rencontre Newton lors de ses funérailles dans l'abbaye de Westminster. Le dialogue improbable entre Voltaire et Newton ouvre la pièce pour se refermer, après la publication par Voltaire des Éléments de la philosophie de Newton, *sur la mort d'Émilie du Châtelet en 1749.*

Nous avons voulu montrer le travail inlassable, la soif de connaissance et l'engagement que présuppose la volonté de faire connaître les théories de Newton à des académies arc-boutées sur les théories de Descartes.

Les personnages, vivants, esprits ou génies participent à la réflexion et au travail qui envahissent tous les instants de leur vie. Ainsi Voltaire rencontre deux « esprits » Newton et Descartes, réfléchit, apprend, écrit au côté d'Émilie et de Maupertuis et accueille deux « génies », Mme Alberht et Poincaré, son secrétaire.

Ce sont les traits cachés, ignorés ou inavoués, des personnages principaux qui portent cette pièce à travers leurs propres écrits. Newton, mathématicien et physicien d'exception, adepte du culte de Vesta. Descartes, référence philosophique, joyeux et bretteur. Voltaire, poète, philosophe, vulgarisateur des théories de Newton. Émilie du Châtelet, savante, lumineuse, adepte des bains et de son corps. Maupertuis, aventurier des sciences et des cœurs.

Les images, la renommée, l'histoire, le temps ont entouré ces noms de gangues lumineuses et parfois trompeuses. Nous avons voulu retrouver la part d'humanité de chacun d'eux.

Repères historiques
La pièce se déroule entre 1727 et 1749.
8 avril 1727 : Voltaire (33 ans) assiste à Westminster aux funérailles de Newton mort à l'âge de 85 ans.
1733 : Début de la liaison de Voltaire et Mme du Châtelet, âgée de 28 ans.
1734 : Installation de Voltaire au château de Cirey, propriété du Marquis du Châtelet.
1736 : Maupertuis part en Laponie pour calculer la longueur du méridien.
Avril 1738 : Publication à Amsterdam des *Éléments de la philosophie de Newton.*
10 septembre 1749 : Mort en couche d'Émilie du Châtelet.

Nos remerciements pour leur aide précieuse dans nos recherches à Robert Jacob et à Lucien Choudin.

Pièce créée à la Salle Jean Monnet de Saint-Genis-Pouilly, dans le Pays de Gex, le 20 octobre 2004. Des extraits en avaient été représentés à Ferney-Voltaire le 26 juin précédent lors de la Fête à Voltaire.

Mise en scène : Frédéric Desbordes
Scénographie : Emmanuelle Favre
Costumes : Cathy Vagnon
Lumières : Alain Vincent
Régisseur plateau : Bruno Lacroix

Distribution de la création

Voltaire : Michel Morizot
Émilie du Châtelet : Karine Pinoteau
Newton et Poincaré : Jean-Marc Albert
Maupertuis : Jérémy Bardeau
Descartes : Michele Rizzello
Mme Alberht : Cathy Vagnon

L'action se passe dans le laboratoire du château de Cirey. Les personnages entrent et sortent à l'horizon par un ciel étoilé où la lune luit dans son dernier quartier. À gauche se dressent des étagères couvertes de livres, d'instruments de physique et de chimie. En transparence, à travers les pots, les fioles et les instruments, on aperçoit un espace imaginaire. Sur la droite, en perspective, se situe un grand mur noir où sont dessinés comme à la craie des panneaux décoratifs et une porte. Dans le laboratoire sont disposés deux grandes cuves en cuivre et un escabeau mobile. Un plateau en bois servira successivement de pierre tombale, de table et d'aire de jeu.

Scène 1 : Avril 1727 ; Voltaire se recueille devant le corps de Isaac Newton en la cathédrale de Westminster.

Une pierre tombale, encadrée par quatre bougies monumentales, est posée à même le sol. Dressée dans la pénombre du décor une statue en pied de Newton s'inscrit dans la porte qui se dessine sur le mur de droite.

VOLTAIRE : Fier et bizarre Anglais qui des mêmes couteaux coupe la tête aux rois et la queue aux chevaux.

Honoré par vos compatriotes comme un roi qui aurait fait du bien à ses sujets, vous voilà donc, Isaac Newton, au plus haut des cieux.

Le soleil des Anglais, c'est le feu du génie, c'est l'amour de la gloire et de l'humanité, celui de la patrie et de la liberté. Né pour instruire et pour plaire, partout vous emportez les vives étincelles du feu que Prométhée au ciel avait surpris.

Ô vous ! Confidents du Très Haut, substances éternelles qui couvrez de vos ailes le trône où votre maître est assis parmi vous, parlez !

Du grand Newton n'êtes-vous point jaloux ?

De son compas il a mesuré l'univers, cet univers si vaste à notre faible vue et qui n'est qu'un atome, un point dans l'étendue de l'espace qui contient l'immensité de Dieu. L'âme de la nature était enveloppée d'un voile obscur. Newton lève enfin ce grand voile : tout gravite vers un centre commun.

La mer entend sa voix : elle s'élève vers le ciel qui l'attire, mais un pouvoir central arrête ses efforts : elle tombe et roule vers ses bords. Les comètes dans une ellipse immense remontent et descendent près de l'astre du jour et reviennent sans cesse. Et toi Lune, Newton de ta carrière a marqué les limites et prescrit les bornes de ta marche, qui éclaire nos nuits. Terre change de forme et que la pesanteur en abaissant le pôle, élève l'équateur.

Newton revient soudain à la vie.

NEWTON : Dieu parle, et le chaos se dissipe à sa voix. Et tout gravite à la fois vers un centre commun.

Ceux qui sont experts en science sont avancés pour comprendre de plus près les secrets de Dieu. Celui qui sonde le mouvement des astres, leur assigne des sièges, mesure leurs distances, note leurs propriétés comprend la providence divine. Il faut être savant !

VOLTAIRE : Ainsi l'Angleterre fait jaillir de ses brumes d'incroyables fantômes qui, tel le père d'Hamlet, viennent prodiguer aux vivants leurs souhaits et leurs conseils !

NEWTON : Qui est là ?

VOLTAIRE : François Marie Arouet. Mais appelez-moi Voltaire.

NEWTON : Un Français !

VOLTAIRE : Un philosophe.

NEWTON : Un cartésien !

VOLTAIRE : Un poète.

NEWTON : Oui, comme Descartes. Il a rêvé le monde et sa physique est tissée de songes...

VOLTAIRE : Parfois l'utopie a permis de tracer quelques chemins vers la vérité.

NEWTON : Voilà bien encore de ces propos de rêveur, de poète...

VOLTAIRE : En tous cas, il arrive au poète d'ordonner quelquefois plus joliment le chaos de la pensée !

NEWTON : Beauté n'est pas vérité. Il est vrai que Descartes s'employa lui aussi à démêler le chaos. Mais comme un poète. Il était un des plus grands géomètres de son temps et il abandonna sa géométrie pour ne croire que son imagination. Il n'y a pas une seule nouveauté dans la physique de Descartes qui ne fut une erreur. Et ses erreurs étaient d'autant plus condamnables qu'il avait pour se conduire le fil des expériences et des découvertes de Copernic, Kepler ou Galilée... Il nous est donné de calculer, de peser, de mesurer, d'observer : tout le reste est chimère. La véritable physique consiste à bien déterminer tous les effets.

VOLTAIRE : Quant à nous, nous connaîtrons sans doute les causes premières lorsqu'on nous aura permis d'être des dieux.

NEWTON : Lors de son voyage en Italie, le malheur de Descartes fut de ne pas avoir consulté Galilée qui, lui, calculant, pesant, mesurant et observant a bel et bien inventé le compas de proportion, découvert les satellites de Jupiter et la rotation du soleil sur son axe, et trouvé la pesanteur de l'atmosphère !

VOLTAIRE : Mais en ce qui vous concerne, vous avez pourtant eu la témérité d'oser songer qu'on puisse deviner par quelles lois les corps célestes se meuvent. N'était-ce point là rêve ou... poésie ?

NEWTON : Certes non. Il ne suffisait que d'un peu d'attention pour voir nettement que la gravitation est un principe indubitable du cours de toutes les planètes et de la pesanteur sur la terre.

VOLTAIRE : Pourriez-vous remédier à mon humble ignorance et me conter l'histoire de cette... création nouvelle ?

NEWTON : Je veux bien m'y essayer. Avant toute chose, sachez que j'emploie indifféremment et sans les distinguer les termes d'attraction, d'impulsion ou de propension quelconque vers un centre, considérant ces forces non pas physiquement mais seulement mathématiquement. Cependant je n'entrerai point dans une explication mathématique de la gravitation. Je me bornerai, effectivement, à l'histoire, comme vous le dites, de cette propriété de la matière qui, il est vrai, a été démontrée par mes soins mais qui a été devinée bien avant moi. Copernic, ce Christophe Colomb de l'astronomie, apprit aux hommes le vrai système du monde, si longtemps défiguré. Il fit voir que la terre tourne sur elle-même dans un espace immense. Or, pour que ses parties ne se détachent pas et ne s'envolent pas ou ne tombent pas dans l'espace, Copernic devina qu'il fallait qu'une puissance les dirige vers le centre de la terre, et que cet attribut donné à la matière par la divine providence devait probablement exister dans tous les globes célestes. Mais il n'alla pas plus loin.

VOLTAIRE : Le pouvait-il en admettant qu'il l'osât ?

NEWTON : Non. Mais Kepler, lui, en admettant non seulement une tendance de tous les corps terrestres au centre, mais aussi des astres les uns vers les autres, s'approcha un peu du système de la pesanteur universelle. Il osa entrevoir, et dire, que si la terre et la lune n'étaient pas retenues dans leurs orbites, elles s'approcheraient l'une de l'autre, et s'uniraient.

Cependant que le grand Galilée, partant d'un principe plus mécanique, examinait comment et en quelle proportion la chute des corps sur la terre s'accélère.

VOLTAIRE : Il est bien singulier qu'on ne trouve nulle trace de ces vérités dans les ouvrages de Descartes. Il n'est pas étonnant qu'il se soit égaré.

NEWTON : Il a fait une philosophie comme on fait un bon roman : tout y est vraisemblable et pourtant rien n'y est vrai. Il imagina des éléments, des tourbillons, qui semblaient rendre une raison plausible de tous les mystères de la nature.

VOLTAIRE : Et vous, comment avez-vous quitté les abîmes de la théologie, dans lesquels vous aviez été élevé, pour les mathématiques et la recherche de ce principe secret et universel de la nature, indiqué par Copernic et Kepler?

NEWTON:... Cette cause de la pesanteur et du mouvement de toute la matière?!?!

Un jour que je me promenais dans le jardin de ma maison natale, et que je regardais des pommes tomber de leurs pommiers, je me laissai aller à une méditation profonde.

La terre attire la lune exactement comme elle attire une pomme. La même loi régit à la fois le ciel et la terre. Kepler a trouvé les lois du mouvement des corps célestes; Galilée a démontré celles du mouvement des corps terrestres. Les corps célestes, comme la lune, ne tombent pas et tournent alors que les corps terrestres, comme la pomme, ne tournent pas et tombent. Quelle ressemblance y a-t-il entre ces deux mouvements si complètement différents? La loi de gravitation fait la synthèse de ces lois.

Si je lâche une pomme, elle tombe à mes pieds; si je la lance devant moi, elle tombe à quelques mètres de moi et plus je la lance fort, plus elle tombe loin... Si je tiens compte alors de la forme sphérique de la terre, et s'il m'était possible d'envoyer cette pomme avec assez de force, elle viendrait retomber à mes pieds en me revenant par-derrière, après avoir fait le tour de la terre.

Il n'y a donc pas bien loin entre les comportements apparemment si différents de la pomme et de la lune. Par ailleurs on sait que Galilée a montré qu'un corps lancé horizontalement tombe de quinze pieds pendant sa première seconde de chute! Maintenant, supposons que ce corps soit propulsé en une seconde assez loin pour que le sol, en raison de la sphéricité de la surface terrestre, se soit dérobé lui-même de quinze pieds. Dans de telles conditions ce corps se retrouvera, malgré sa chute, exactement à la même altitude au-dessus du sol qu'au moment de son lancer; il pourra donc recommencer sa chute et la poursuivre indéfiniment. Si la terre s'incurve au fur et à mesure qu'il tombe, il pourra constamment tomber sans jamais s'approcher d'elle!

VOLTAIRE : Ainsi la pomme et la lune ont toutes deux le même mouvement de chute.

NEWTON : Mais la lune tombe en permanence vers la terre sans jamais l'atteindre.

VOLTAIRE : Donc les planètes pèsent comme de simples objets ?

NEWTON : Exactement. Cette loi de gravitation a une portée plus vaste encore car elle ne s'applique pas seulement aux planètes, comme la terre, et aux objets qui s'y trouvent, comme la pomme, mais à tous les corps qui emplissent l'univers, quels qu'ils soient. Il s'agit là d'une propriété universelle. La terre attire la lune comme elle attire une pomme, mais une pomme, elle aussi, attire la terre, la lune et les autres pommes. Sur un pommier toutes les pommes s'attirent.

VOLTAIRE : Deux objets quels qu'ils soient s'attirent ?

NEWTON : Tous les corps sont en interaction mutuelle et s'influencent les uns les autres. Il existe entre chacun d'eux, un lien, une unité indissoluble. Tout dans l'univers interagit avec tout. Lorsque deux objets sont en présence, ils exercent l'un sur l'autre, quelle que soit leur distance, une influence qui modifie leur comportement par rapport à celui qu'ils auraient s'ils étaient isolés. L'univers forme un tout.

VOLTAIRE : Mais quelle secrète et mystérieuse vertu un corps possède-t-il pour agir sur les autres ?

NEWTON : En tout état de cause la nature de cette communication n'est pas du ressort de la science ; la gravitation a les caractères du divin puisque, comme Dieu, elle est omniprésente et simultanément active en tout lieu. Elle est la preuve de l'existence d'un Être supérieur auquel il faut rendre hommage. Les lois de la mécanique sont les lois du dieu de l'espace infini et du temps éternel. Après avoir créé l'univers matériel il s'y manifeste par son action continuelle. Elle régit les variations de la lune. Le flux et le reflux de la mer en sont aussi les effets. Elle prévoit l'orbite des comètes et détermine la forme de la terre !!!

VOLTAIRE : Comment découvre-t-on ces phénomènes admirables ?

NEWTON : En y pensant toujours...
Newton redevient une statue.

Scène 2 : Descartes soliloque en passant...
Voltaire écoute attentif ses propres songes. La statue en pied de Newton immobile, repose.

DESCARTES : J'ai fait un rêve...

Les sens nous trompent quelquefois. Combien de fois m'est-il arrivé de songer, la nuit, que j'étais en ce lieu, que j'étais habillé, que j'étais auprès du feu, quoique je fusse tout nu dedans mon lit... Comment pouvez-vous être certain que votre vie n'est pas un songe continuel ? N'avez-vous jamais ouï ce mot d'étonnement dedans les comédies : Veillé-je, ou si je dors ?

Je fais un rêve : pour avancer dans la rue, je lutte contre une faiblesse du côté droit, qui ne me soutient plus. Je marche courbé, renversé sur le côté gauche. Un vent impétueux m'emporte dans un tourbillon et me fait tourner trois fois sur moi-même ; je lutte également contre mes propres tergiversations et erreurs... Apercevant un collège ouvert sur mon chemin, j'y pénètre afin de tenter de trouver une retraite ou un remède à mon mal. Je tâche aussi de gagner une église où ma première pensée est d'aller faire une prière, mais des rencontres compliquées, des oublis, me font retourner en arrière, et je me fais des reproches... Je ne fais pas ce que je veux, toujours en lutte contre le vent, alors que les personnes rencontrées sont bien droites sur leurs jambes, si bien que j'ai honte de ma propre démarche. L'une de ces personnes doit me donner quelque chose, j'imagine que c'est un melon qu'on a rapporté de quelque pays étranger...

Est-ce la fin du songe ?
Noir

Scène 3 : Voltaire et Émilie du Châtelet

Des caisses de voyages ouvertes laissent entrevoir des livres, des accessoires de physique et de chimie, une lunette astronomique. Voltaire et Émilie rangent dans le laboratoire le nouvel arrivage.

VOLTAIRE : Ah ! Chère Émilie, rendez-moi l'âge des amours ; le Temps qui me prend par la main m'avertit que je me retire des beaux lieux où l'Amour tient son empire.

ÉMILIE : L'Esprit et l'Amour sont deux divinités qui font tout ici bas. Mais elles vivent rarement ensemble. L'intérêt les sépare et chacun a sa cour. heureux celui qui les rassemble !

VOLTAIRE : Heureuse celle qui les rassemble !

Assez d'ouvrages imparfaits sont les fruits de leur jalousie ; pourtant, un jour, ils voulurent faire la paix : Heureux ce jour qui produisit Émilie !

ÉMILIE : La sage nature veut à égal niveau ranger tous les humains.

VOLTAIRE : Mais à vous, elle a tout donné, c'est là votre partage !

ÉMILIE : Il est vrai que mon sort est heureux. Du repos, des riens, de l'étude, quelques livres, rien d'ennuyeux et un ami dans la solitude de cet asile des beaux-arts : Cirey, mon château solitude où mon cœur est toujours demeuré dans une paix profonde. Chacun cherche le paradis, je l'ai trouvé, j'en suis certaine.

VOLTAIRE : Les vrais plaisirs, la raison saine, la liberté, tous maudits par la sainte Église romaine, tous habitent dans votre beau pays lorrain.

ÉMILIE : Les préjugés en sont bannis.

VOLTAIRE : Le bonheur est votre domaine.

ÉMILIE : Vous, heureux proscrit du jardin de l'Éden, venez et restez en cet aimable lieu si vous m'en croyez souveraine.

VOLTAIRE : C'est vous qui donnez le bonheur que promet en vain le monde. Un voyageur passe à Cirey, l'admire, le contemple, il croit d'abord que ce n'est qu'un palais, puis il vous voit et se dit : « C'est un temple ! ».

ÉMILIE : Un temple ? Je le veux bien. Car c'est alors lieu de miséricorde, et l'asile qu'il vous accorde vous met hors du danger encouru à la suite de cette méchante et injuste affaire de vos Lettres sur les Anglais.

VOLTAIRE : Mes Lettres philosophiques, oui... Fruit de mon voyage forcé en Angleterre. Déjà l'exil, pour une querelle avec un chevalier insolent et grossier, déjà la naissance avait pris le pas sur le mérite... J'ignorais encore que les quelques propos de mes Lettres anglaises sur des Quakers, des Presbytériens, sur un comte de Rochester ou sur l'insertion de la petite vérole, sur l'attraction d'Isaac Newton et ce qu'elle doit aux erreurs de Descartes, irriteraient à ce point le Parlement de Paris pour qu'il condamne mon ouvrage à être lacéré et brûlé par l'exécuteur de la haute justice !

ÉMILIE : Jugement promptement exécuté ce même jour du 10 juin 1734, à 11h du matin. L'autorité ne savait donc pas que condamner un livre c'est lui donner la célébrité et conséquemment exciter à le lire ?!

VOLTAIRE : Il est vrai que l'on vit mes Lettres philosophiques renaître de leurs cendres et se répandre partout.

ÉMILIE : J'ai toujours eu un désir extrême de voir l'Angleterre, mais depuis tout ce que vous m'en avez appris, ce désir est devenu une passion.

VOLTAIRE : Un voyageur ne connaît d'ordinaire que très imparfaitement le pays où il se trouve. Il ne voit que la façade du bâtiment ; presque tous les dedans lui sont inconnus.

ÉMILIE : On voit bien que l'Angleterre est le pays des vertus aussi bien que le pays des choses.

VOLTAIRE : Un Français qui arrive à Londres trouve les choses bien changées en philosophie comme dans tout le reste. Il a laissé le monde plein, il le trouve vide.

ÉMILIE : À Paris on voit l'univers de Descartes composé de tourbillons de matière subtile...

VOLTAIRE : À Londres on ne voit rien de cela. Chez les Anglais c'est la mer qui gravite vers la lune.

ÉMILIE : Chez nous, c'est la pression de la lune qui cause le flux de la mer…

VOLTAIRE : Et le soleil qui, en France, n'entre pour rien dans cette affaire, y contribue là-bas environ pour son quart !

ÉMILIE : Chez nos cartésiens tout se fait par une impulsion qu'on ne comprend guère…

VOLTAIRE : Chez monsieur Newton, c'est par une attraction dont on ne connaît pas mieux la cause.

ÉMILIE : À Paris on se figure la terre faite comme un melon. Et à Londres ?

VOLTAIRE : Elle est aplatie des deux côtés. Et pour un newtonien la lumière vient du soleil en six minutes et demie.

ÉMILIE : Alors que pour un cartésien elle existe dans l'air. Quant à notre chimie, elle fait toutes ses opérations avec des acides, des alcalis et de la matière subtile.

VOLTAIRE : C'est l'attraction qui domine jusque dans la chimie anglaise. L'essence même des choses a totalement changé. Nous ne nous accordons ni sur la définition de l'âme, ni sur celle de la matière.

ÉMILIE : Descartes assure que l'âme est la même chose que la pensée, et mon cher philosophe anglais Locke lui prouve assez bien le contraire et, seul, a appris à l'esprit humain à se bien connaître. Et non seulement il était vertueux, non seulement il croyait l'âme immortelle, mais il n'a jamais affirmé que la matière pense, il a dit seulement que la matière peut penser, si Dieu le veut.

VOLTAIRE : Descartes assure encore que l'étendue seule fait la matière. Newton y ajoute la solidité.

ÉMILIE : Voilà bien de sérieuses contrariétés. Il faut avouer que Descartes et Newton ont été bien différents l'un de l'autre dans leur conduite, dans leur fortune et dans leur philosophie.

VOLTAIRE : Je ne sais qui je dois admirer davantage, ou Newton, l'inventeur du calcul de l'infini, qui découvrit de nouvelles lois de la nature et qui anatomisa la lumière, ou vous, Madame, qui au milieu des dissipations liées à votre état, possédez si bien tout ce qu'il a inventé. Comment avez-vous pu, dans un âge encore tendre, malgré les vains plaisirs, marcher, après Newton, dans ce labyrinthe immense où se perd la nature ?

ÉMILIE : Il y a d'innombrables manières d'arriver à l'erreur, et il n'y a qu'une seule route vers la vérité.

VOLTAIRE : Qui jamais a mieux prouvé que vous, Madame, cette vérité ? Qui a fait plus d'usage de son esprit et plus d'honneur aux sciences, sans négliger aucun des devoirs de la vie civile ?

ÉMILIE : Mon exemple, alors, devrait encourager ou faire rougir ceux qui donnent pour excuse de leur paresseuse ignorance, ces vaines occupations qu'on appelle plaisirs ou devoirs de la société, et qui presque jamais ne sont ni l'un ni l'autre.

VOLTAIRE : Puissé-je auprès de vous, ici même, dans ce temple écarté, montrer aux regards des Français la Vérité !

ÉMILIE : Elle attend en vain qu'on ose la consulter. Nul ne l'approche et chacun la regrette.

VOLTAIRE : Je vous approche, et sans regret. Ah ! Pourquoi m'avoir enflammé si tard ? Les baisers des plus tendres maîtresses, ces moments comptés par cent caresses...

ÉMILIE : Moments si doux et si voluptueux !

VOLTAIRE : Ils ne valent pas un regard de vos yeux.

ÉMILIE : Qui vous voit un moment voudrait vous voir toujours.

VOLTAIRE : Mon cœur est pénétré de tout ce qui vous touche.

ÉMILIE : L'amour est de toutes les passions la plus forte, parce qu'elle attaque à la fois la tête, le cœur et le corps.

VOLTAIRE : Jamais l'astre de la nuit, favorable aux amants, n'a vu dans les jardins de Cirey promeneurs plus amoureux.

ÉMILIE : Cesser de vivre ce n'est rien. Cesser d'aimer est une mort insupportable.

Scène 4 : Où le grand savant Maupertuis donne un cours de géométrie à Émilie, Voltaire, Poincaré et Mme Alberht.

Maupertuis entre accompagné de Mme Alberht et Poincaré qui mettent en place les sièges et les accessoires nécessaires au cours de géométrie.

VOLTAIRE : Ah! Monsieur de Maupertuis, que Newton vous tienne en sa digne et sainte garde. Nous vous attendions pour apprendre de vous à penser.

ÉMILIE : Et pour jouir des charmes de votre commerce.

POINCARÉ : Vous êtes le seul géomètre qui ait de l'imagination.

MME ALBERHT : Vous joignez la saine métaphysique aux mathématiques.

ÉMILIE : Il n'y a aucun endroit sur la terre, ni même ailleurs où vous soyez plus aimé et plus désiré qu'à Cirey.

MAUPERTUIS : Nous sommes ici dans le plus beau lieu du monde, et avec des gens fort aimables.

ÉMILIE : Il n'y manquait que le plaisir de vous y voir et de vous entendre.

VOLTAIRE : Et de faire des progrès digne de notre maître.

ÉMILIE : Je me suis remise ces jours-ci à la géométrie ; vous me trouverez précisément comme vous m'avez laissée, n'ayant rien oublié, ni rien appris.

Maupertuis monte sur un escabeau pour écrire sur le mur. Il dessine à la craie les figures géométriques et les formules de son cours.

MAUPERTUIS : Eh bien commençons...

Considérons un carré ABCD. Je fais passer une ligne de biais, et que l'on appelle diagonale, qui partage le quadrilatère en deux parties égales.

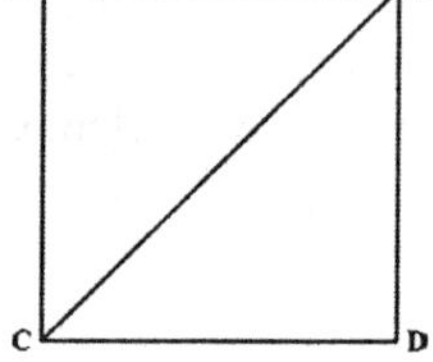

Premièrement, les deux triangles qui partagent le carré sont égaux, ensuite la figure suivante démontre à l'esprit et aux yeux que le carré formé par ces quatre lignes noires vaut les deux carrés pointillés.

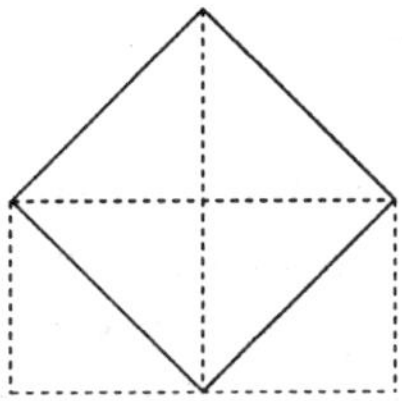

Et cette proposition servira bientôt à faire comprendre ce fameux théorème de Pythagore, que le grand côté d'un triangle rectangle peut porter une figure quelconque, égale aux figures semblables établies sur les autres côtés.

Si l'on veut mesurer la hauteur d'une tour, la largeur d'une rivière dont on ne peut approcher, chaque théorème a sur-le-champ son application ; on apprend la géométrie par l'usage. Si l'on sait que l'ombre d'une perche est à la hauteur de la perche comme l'ombre de la tour voisine est à la hauteur de la tour. Si donc la perche a cinq pieds et son ombre un pied, et si l'ombre de la tour est de douze pieds, comme un est à cinq, aussi douze est à la hauteur de la tour ; elle est donc de ?

ÉMILIE, MME ALBERHT ET POINCARÉ : Soixante !

MAUPERTUIS : Soixante pieds !!

VOLTAIRE : Soixante...

MAUPERTUIS : Si l'on a besoin de connaître les propriétés d'un cercle mais sans avoir la mesure exacte de sa circonférence, cette extrême exactitude est inutile pour opérer : le développement d'un cercle est sa mesure. Le cercle étant une espèce de polygone, son aire est égale à ce triangle dont le petit côté est le rayon du cercle, et dont la base est la mesure de sa circonférence.

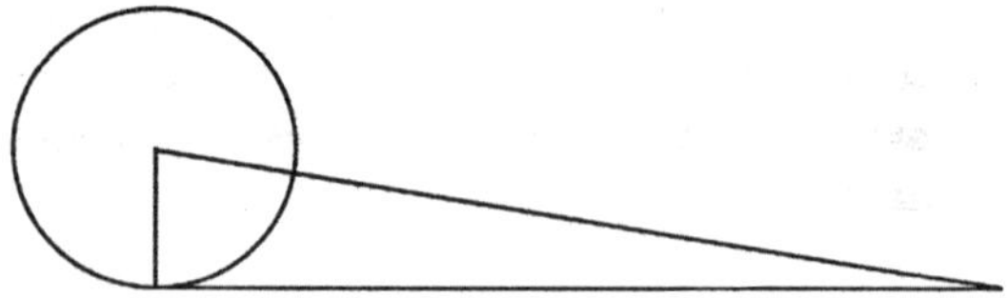

Les circonférences des cercles sont entre elles comme leurs rayons. Les cercles ayant les propriétés générales de toutes les figures rectilignes semblables, et ces figures étant entre elles comme les carrés de leurs côtés correspondants, les cercles auront aussi leurs aires proportionnelles au carré de leurs rayons. Ainsi comme le carré de l'hypoténuse est égal au carré des deux côtés, le cercle dont le rayon sera cette hypoténuse, sera égal à deux cercles qui auront pour rayon les deux autres côtés.

J'explique…

Il dessine les figures correspondantes.

MME ALBERHT : Cette connaissance servira aisément pour construire un bassin d'eau aussi grand que deux autres bassins pris ensemble.

MAUPERTUIS : Exactement. Maintenant, et dans un tout autre domaine, je vous indiquerai sur un dessin les référentiels héliocentrique, géocentrique et terrestre. À partir du référentiel géocentrique je vous donnerai la période de rotation propre de la Terre, appelée jour sidéral et en quoi elle diffère légèrement de un jour et nous calculerons la vitesse de rotation Ω de la Terre dans ce référentiel.

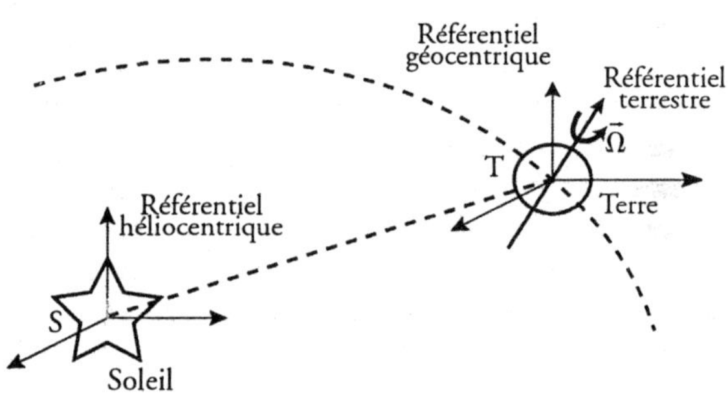

Le référentiel héliocentrique (ou référentiel de Kepler) est lié au centre d'inertie S du Soleil : un repère associé à ce référentiel est centré sur S et possède trois axes liés aux directions de trois étoiles suffisamment éloignées pour pouvoir être considérées comme fixes. C'est un référentiel galiléen avec une très bonne approximation. Le référentiel géocentrique peut être défini par l'intermédiaire d'un de ses repères ayant comme origine le centre d'inertie T de la Terre et les trois mêmes axes que le repère choisi plus haut pour le référentiel héliocentrique. Ce référentiel sera considéré dans cet exercice comme étant galiléen en première approximation.

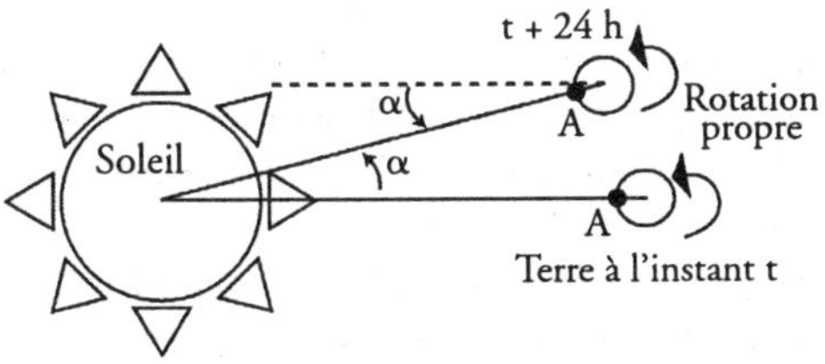

Le référentiel terrestre, lié à la Terre, est animé d'un mouvement de rotation par rapport à l'axe des pôles qui est incliné d'un angle de ≈ 23° par rapport à la normale à l'écliptique (plan de l'ellipse trajectoire de la Terre autour du Soleil). Ce référentiel sera considéré comme non galiléen dans la suite de l'exercice.

Le jour solaire (soit 24h) est défini comme la durée nécessaire pour qu'un même point de la Terre revienne face au Soleil. Si l'on prend en compte la rotation propre de la Terre dans le référentiel géocentrique, de période égale T ($\leqslant$ 24h), le point A pour lequel à l'instant t le Soleil était au zénith se retrouvera, « le lendemain », dans la même position au bout d'un intervalle de temps $24h = T + \Delta t$, où Δt (exprimé en heure) s'obtient en écrivant de deux manières différentes l'angle α défini sur la figure : $\alpha = \omega\,(24h) = \Omega \Delta t$, où ω désigne la vitesse angulaire orbitale de la Terre autour du Soleil et Ω la vitesse angulaire de rotation propre de la Terre. Supposons : $\Delta t << 24h$.

Émilie se lève et va écrire l'équation suivante :

$$\Delta t = 24\frac{\omega}{\Omega} \approx 24\,\frac{24}{365{,}24} = 6{,}6.10^{-2}\ \text{h} \approx 4\text{mn (et } \Delta t << 24\text{h)}$$

Maupertuis lit à haute voix l'équation écrite par Émilie avant d'enchaîner.

MAUPERTUIS : La durée d'une rotation propre de la Terre sera donc de 23h 56 mn, soit…

MME ALBERHT : 86 160 secondes !

MAUPERTUIS : La vitesse angulaire correspondante est alors :

$$\Omega = 2\pi/86160 = 7{,}3.10^{-5}\ \text{rads}^{-1}$$

POINCARÉ : Vous nous apprenez là des vérités sublimes.

MME ALBERHT : Et presque en badinant !

ÉMILIE : Vous êtes assurément le plus aimable et le plus profond mathématicien du monde.

VOLTAIRE : Je sens avec douleur que malgré toute mon attention, tous mes efforts et tout mon temps, voilà bien des difficultés qui m'attendent !

Noir

Scène 5 : Émilie, dans sa baignoire, s'entretient avec Maupertuis en présence de Mme Alberht.

On aperçoit sur la gauche, à travers les rayonnages, Émilie qui se déshabille et passe sa robe de bain aidée par Mme Alberht. Maupertuis entre dans le laboratoire et parle à Émilie à travers les flacons et les fioles.

ÉMILIE : Adieu ! Je vous aime ce soir comme si vous étiez venu me voir aujourd'hui…

MAUPERTUIS : Il y avait bien longtemps, c'est vrai, que vous n'aviez reçu de mes nouvelles.

ÉMILIE : Je suis pourtant bien plus curieuse de recevoir de vos nouvelles que de la forme de la Terre.

MAUPERTUIS : Ah !... Vous avez ouï parler de mon projet de voyage au pôle avec monsieur Alexis Clairaut.

ÉMILIE : Il m'est revenu que vous le voulez et que cela est nécessaire à vos affaires, oui.

MAUPERTUIS : Il est en effet nécessaire de vérifier la figure de notre globe. Ce serait là un argument en faveur du principe énoncé par Newton. Encore un coup porté à ses pires détracteurs. Il se pourrait que grâce à nos soins, une partie de sa gloire rejaillisse alors sur notre pays.

ÉMILIE : Je suis au désespoir, non que vous partiez, mais de ce que vous ne me l'avez pas dit.

MAUPERTUIS : Je suis coupable là d'une grande négligence, c'est vrai. Mais la nouvelle apparemment a devancé jusqu'à ma propre décision.

ÉMILIE : Enfin, ne dit-on pas qu'il faut aimer ses amis même avec leurs défauts.

MAUPERTUIS : Vous savez aimer vos amis non seulement avec leurs défauts, mais même avec leurs malheurs.

ÉMILIE : C'est vous, je le crains, qui faites mon malheur ! Et pourtant je suis bien contente de vous voir.

MME ALBERHT : Vous voulez toujours ne point lui faire d'avances, et vous passez votre vie à lui en faire.

ÉMILIE : C'est pour voir comme il en usera.

MAUPERTUIS : J'ai la faiblesse d'en abuser.

ÉMILIE : J'avais toujours espéré que vous seriez incapable de me jouer un aussi vilain tour.

MAUPERTUIS : Malgré les apparences, je suis l'homme le moins enclin à vous tromper.

ÉMILIE : À moins que vous ne soyez l'homme le moins sensible à l'amitié.

MAUPERTUIS : L'amitié est un contrat tacite entre deux personnes sensibles et vertueuses.

MME ALBERHT : L'amitié est le mariage de l'âme et ce mariage est sujet au divorce.

ÉMILIE : Que porte ce contrat entre deux âmes tendres et honnêtes ?

MAUPERTUIS : Les obligations en sont plus fortes et plus faibles selon les degrés de sensibilité et le nombre des services rendus. On sait que l'amitié ne se commande pas plus que l'amour.

ÉMILIE : Il y a tant de sortes d'amour, qu'on ne sait à qui s'adresser pour le définir.

MAUPERTUIS : On nomme hardiment amour un caprice de quelques jours, une liaison sans attachement…

ÉMILIE : Ou le détachement que procure l'éloignement…

MME ALBERHT : Un sentiment sans estime…

MAUPERTUIS : Une froide habitude…

ÉMILIE : *Émilie dans sa robe de bain entre dans le laboratoire.*

Tiens donc ! Aussi froide qu'au pôle sans doute, il faut alors se réchauffer…

MME ALBERHT : À l'étincelle d'une fantaisie romanesque…

ÉMILIE : Et laponne…

MME ALBERHT : À la fièvre d'un divertissement…

ÉMILIE : Lapon…

MAUPERTUIS : Je sens effectivement comme un refroidissement… Mais que disions-nous ? Ah, oui, on donne en effet le doux nom de ce tendre sentiment à mille chimères.

ÉMILIE : Voulez-vous avoir mon idée de l'amour ? Eh bien contemplez ce taureau qu'on mène à la génisse ; regardez ce fier cheval que l'on conduit à la cavale paisible qui l'attend, et qui détourne sa queue pour le recevoir ; voyez comme ses yeux étincellent ; entendez ses hennissements ; contemplez ces sauts, ces courbettes, ces oreilles dressées, cette bouche qui s'ouvre avec de petites convulsions, ces narines qui s'enflent, ce souffle enflammé qui en sort, ces crins qui se relèvent et qui flottent, ce mouvement impétueux dont il s'élance sur l'objet que la nature lui a destiné…

Mme Alberht verse de l'eau chaude dans le bain d'Émilie d'où sortent de puissantes vapeurs.

MME ALBERHT : Il y a des animaux qui ne connaissent point la jouissance. Les poissons sont privés de cette douceur. La femelle jette sur la vase des milliers d'œufs. Le mâle qui les rencontre passe sur eux et les féconde de sa semence. Sans se mettre en peine.

Émilie entre dans son bain.

MAUPERTUIS : Oui, mais voyez l'homme : il est dans sa mélancolie qui lui rend tout insipide, jusqu'au moment où il croise la personne qui doit faire son bonheur. Il la voit : tout s'embellit à ses yeux ; il respire un air plus doux, plus pur ; il se sent une nouvelle ardeur pour tout ce qu'il entreprend. Et celle qui l'a charmé s'enflamme des mêmes feux dont il brûle. Elle se rend, elle se livre à ses transports et l'heureux amant parcourt alors avec une avide rapidité toutes les beautés qui l'ont ébloui et qui s'offrent à lui. Il va parvenir, il parvient, il est déjà parvenu à l'endroit le plus délicieux...

MME ALBERHT : Ce plaisir n'appartient qu'à l'espèce humaine. Ajoutons qu'elle peut se livrer à l'amour dans tous les temps ; les animaux n'ont, eux, qu'un temps bien marqué par leur nature.

ÉMILIE : L'humain compense en amour tous les avantages que la nature a donnés aux animaux. Leur force, leur beauté, leur légèreté, leur rapidité. La plupart des animaux qui s'accouplent ne goûtent de plaisir que par un seul sens ; et dès que cet appétit est satisfait, tout est éteint. Aucun animal ne connaît les embrassements ; tout notre corps est sensible ; les lèvres surtout jouissent d'une volupté que rien ne lasse.

MME ALBERHT : Il y avait chez les anciens je ne sais quoi de symbolique et de sacré attaché au baiser, puisqu'on baisait les statues des dieux... et leur barbe, quand le sculpteur l'avait représentée.

MAUPERTUIS : Il y a un nerf qui va de la bouche au cœur, et de là plus bas ; tant la nature a tout préparé avec l'industrie la plus délicate.

ÉMILIE : Les petites glandes des lèvres, leur tissu spongieux, leurs muscles veloutés, leur peau fine, chatouilleuse, leur donnent un sentiment exquis et voluptueux, lequel n'est pas sans analogie avec une partie plus cachée et plus sensible encore. Une source chaude où pourrait se baigner le voyageur glacé par le grand froid du pôle…

MAUPERTUIS : Les voyageurs des sciences ont fait quant à eux de nouvelles découvertes dans le corps humain ; on peut se flatter d'avoir pénétré jusqu'à la ligne qui sépare à jamais les tentatives des hommes et les secrets impénétrables de la nature.

MME ALBERHT : Cela étant dit, si un homme à qui on sert un plat d'écrevisses qui étaient toutes grises avant la cuisson, et qui sont devenues toutes rouges dans la chaudière, croyait n'en devoir manger que lorsqu'il saurait bien précisément comment elles sont devenues rouges, il ne mangerait d'écrevisses de sa vie.

ÉMILIE : On se plaît toujours à table quand bien même l'on n'y mangerait plus. Regardez : Héloïse aime encore véritablement Abélard bien qu'il fût moine et châtré.

MAUPERTUIS : Une femme ne peut guère se prendre de passion pour un eunuque, mais elle peut conserver sa passion pour son amant devenu eunuque, pourvu qu'il soit encore aimable.

MME ALBERHT : Lucrèce n'a-t-il point dit :

« On peut, sans être belle, être longtemps aimable.
L'attention, le goût, les soins, la propreté,
Un esprit naturel, un air toujours affable,
Donnent à la laideur les traits de la beauté. »

Émilie étend suavement une jambe hors de son bain.

ÉMILIE : Comme les hommes ont reçu le don de perfectionner tout ce que la nature leur accorde, ils ont perfectionné l'amour. La propreté, le soin de soi-même, en rendant la peau plus délicate, augmentent le plaisir du tact ; et l'attention sur sa santé rend les organes de la volupté plus sensibles.

MAUPERTUIS : Et nous-mêmes sommes plus sensibles aux organes : voyez ce triceps qui nous dévoile trois portions. Admirez le triceps supérieur qui vient de l'angle de l'os pubis et se portant à la partie interne de la cuisse, va se terminer à la partie moyenne de la ligne osseuse du fémur.

MME ALBERHT : Avez-vous contemplé ce triceps moyen qui vient de la branche de l'os pubis au-dessus du supérieur, et qui se termine si joliment à la ligne osseuse du fémur au-dessus de ce même muscle ?

ÉMILIE : Et que pourrait-on dire du triceps inférieur, le plus grand des trois ? Voyez-le qui vient de la branche et de la tubérosité de l'ischion, et va se terminer tout le long de la ligne osseuse du fémur jusqu'à l'endroit où cette ligne se divise en deux pour aller à chaque condyle.

MAUPERTUIS : De là ce muscle fournit alors un tendon qui va s'attacher à la partie latérale interne du condyle interne du fémur.

MME ALBERHT : Ah ! Tendon, partie blanche la plus ferme et la plus tenace de celles qui composent les muscles dont il forme les extrémités. Ah ! Fibre, Achille, aponévrose !

Émilie se lève et sort de la baignoire.

ÉMILIE : J'aime le bavardage du cœur autant que celui de l'esprit et votre séjour ici est aussi nécessaire à mon plaisir qu'à mon instruction.

MAUPERTUIS : Il n'y a que votre présence qui puisse me guérir de l'envie extrême que j'ai de vous voir.

ÉMILIE : Voulez-vous diminuer le regret que j'aurai de votre départ ?

MAUPERTUIS : Assurément !

ÉMILIE : Alors, partez, mais sans que votre bonheur soit dans le projet de partir.

Noir

Scène 6 : Expériences et veillée d'armes avec Émilie, Voltaire, Maupertuis, Poincaré et Mme Alberht.

La table pour le dîner est dressée au milieu du laboratoire. La soupe, dans une des grandes cuves en cuivre, fume.

VOLTAIRE, *à Maupertuis :* Vous nous avez baptisés dans la religion newtonienne.

MME ALBERHT : Nous aurons seulement le bonheur d'avoir été instruits avant les autres.

POINCARÉ : On ne peut plus s'empêcher de croire à la gravitation de sir Isaac.

MME ALBERHT : Il faut proscrire les chimères des tourbillons cartésiens.

VOLTAIRE, *à Maupertuis :* Je ne doute pas que votre livre *Discours sur les différentes figures des astres* ne vous fasse bien des disciples.

MAUPERTUIS : Qui aurait pensé il y a cinquante ans que le même pouvoir faisait le mouvement des astres et la pesanteur ? Newton nous a entraînés dans un nouveau monde.

VOLTAIRE : Et je voudrais bien y voyager à votre suite, mais j'ai osé dans ces *Lettres anglaises* qui vont m'exiler écrire le peu que j'entendais de Newton et mes chers compatriotes, eux, n'y entendent rien du tout !

POINCARÉ : Apparemment, dire que l'attraction est possible et prouvée, que la terre doit être aplatie aux pôles, que le vide est démontré et surtout que les tourbillons de Descartes sont absurdes, cela n'est pas permis à un pauvre Français.

MAUPERTUIS : Tôt ou tard il faudra bien que nous et la vérité nous l'emportions. Souvenez-vous qu'on a soutenu des thèses contre la circulation du sang ; songez à Galilée et consolez-vous.

Émilie entre et s'adresse à Voltaire.

ÉMILIE : Je commence à soupçonner que ce sont les partisans des tourbillons et des idées innées qui suscitent votre persécution ; les cartésiens se déchaînent.

VOLTAIRE, *à Maupertuis :* C'est pourquoi j'espère et je souhaite votre appui. Vous êtes l'apôtre de Locke et de Newton et les apôtres de votre trempe, avec un disciple comme Madame du Châtelet, rendrait la vue aux aveugles.

MAUPERTUIS : Craignez encore plus monsieur le garde des sceaux que les raisonneurs ; il n'a point pris du tout votre affaire en philosophe.

MME ALBERHT : Il se fâche en ministre et, qui pis est, en ministre prévenu et trompé.

VOLTAIRE : Je le sais. On lui a fait entendre que c'est moi qui ai voulu cette édition, alors que j'étais bien loin de la vouloir donner au public.

ÉMILIE, *à Maupertuis :* Votre lecture et votre approbation lui auraient certes suffi.

VOLTAIRE : Émilie et vous ne me valez-vous pas tout le public?

MAUPERTUIS : Je vois les esprits dans une assez grande fermentation en France. Et les noms de Descartes et de Newton semblent être de véritables mots de ralliement entre des partis.

VOLTAIRE : Très peu de personnes ont lu Descartes, très peu lisent Newton, et cependant tout le monde parle d'eux.

POINCARÉ : Les guerres civiles ne sont point faites pour des philosophes.

MME ALBERHT : En vérité, les noms ne sont qu'un son. Il ne doit y avoir nulle relation entre un homme qui n'est plus et ce qu'on appelle sa gloire.

MAUPERTUIS : Il n'appartient pas à ce siècle éclairé de suivre tel ou tel philosophe. Il n'y a plus de fondateur de secte. L'unique fondateur est une démonstration.

ÉMILIE : Tous ceux qui combattent les vérités nouvellement découvertes...

MME ALBERHT : Ou qui tirent des conclusions en faveur des tourbillons!

ÉMILIE : Oui... Eh bien tous ceux-là ne suivent Descartes en aucune manière ; il y a longtemps qu'on a été forcé de renoncer à ses lois du mouvement, démontrées fausses dès qu'elles ont paru ; à ses tourbillons qui, tels qu'il les a conçus, renversent les règles de la mécanique sur lesquelles il disait qu'il fondait sa philosophie ; à la formation imaginaire de son univers...

POINCARÉ : À sa description anatomique de l'homme!

ÉMILIE : On prescrit tous ses dogmes en détail et cependant on se dit encore cartésien!

POINCARÉ : C'est comme si on avait dépouillé un roi de

toutes ses provinces l'une après l'autre, et qu'on se dise encore son sujet.

Les convives se lèvent de table et mettent des tabliers de laboratoire. Ils préparent et présentent des expériences de physique et de chimie.

MAUPERTUIS : Si l'on voulait discuter la physique de Descartes, que pourrait-on y apercevoir d'autres que des hypothèses ? On a vu avec douleur le plus grand géomètre de son temps abandonner la géométrie, son guide, pour se perdre dans la carrière de l'imagination.

ÉMILIE : Ne l'a-t-on point vu créer un univers au lieu d'examiner celui que Dieu a créé ?

VOLTAIRE : C'est ce que l'on pense de Descartes dans presque toute l'Europe. Avec raison. Et l'on m'accuse en France d'être un mauvais Français. C'est injuste !

ÉMILIE : Eh ! Qu'importe que la vérité nous vienne de Bretagne, ou de Provence ou de Cambridge ? C'est être un bon citoyen que de la chercher partout où elle est !

MAUPERTUIS : La question est uniquement de savoir si, après que Newton a mathématiquement déterminé la gravitation entre tous les corps, il la faut regarder comme un principe donné par l'Être infini ou bien comme un effet mécanique de quelque autre principe.

MME ALBERHT : De quelque côté que l'on se tourne, newtonien et anti-newtonien, tous recourent également à l'être des êtres.

ÉMILIE : La seule différence est que ceux qui paraissent d'abord admettre des idées plus simples en voulant tout expliquer par l'impulsion, sont obligés d'avoir recours à beaucoup de mouvements composés, à une infinité de directions en tous sens.

VOLTAIRE : Ils n'ont même pas l'avantage de la simplicité dont ils se flattent.

POINCARÉ : Cet avantage est tout entier du côté des newtoniens.

MAUPERTUIS : Il faut avouer que cet avantage, s'il était seul, serait bien peu de chose. Une vraisemblance de plus ne fournit pas une preuve. Ce ne sont point là les armes dont nous devons nous servir. Allons donc plus loin et voyons si la gravitation n'est que vraisemblable.

ÉMILIE : Il faut bien d'abord que tous les hommes conviennent de cette nouvelle et admirable vérité : qu'une pierre ne retombe sur la terre que par la même loi qui entraîne la lune autour de la terre.

MME ALBERHT : Et il faut convenir que tous les astres qui tournent dans des courbes autour du soleil gravitent, pèsent réciproquement sur le soleil.

MAUPERTUIS : Et tous ces corps s'attirant précisément en raison de la masse qu'ils contiennent, et en raison du carré de leurs approchements, forment l'ordre incontestable de la nature.

VOLTAIRE : Cette gravitation, cette attraction, peut-elle être un principe ? Peut-elle appartenir originairement aux corps ?

MAUPERTUIS : Quelqu'un oserait-il nier à l'Architecte de l'univers la possibilité de faire tomber les corps les uns vers les autres ?

ÉMILIE : Personne n'ayant expliqué cette nouvelle propriété de la matière par aucun mécanisme, il faut bien qu'on s'accoutume insensiblement à regarder la gravitation comme un mécanisme d'un nouveau genre, comme une qualité de la matière inconnue jusqu'à nous.

POINCARÉ : Newton dit lui-même qu'il ne fait point d'hypothèses, car ce qui ne se déduit pas des phénomènes est une hypothèse et les hypothèses soit métaphysiques, soit physiques, ou des suppositions de qualités occultes, ou des suppositions de mécanique, n'ont point lieu dans la philosophie expérimentale.

VOLTAIRE : Remarquons en passant que pour lui des hypothèses de mécanique ne valent pas mieux que les qualités occultes...

MAUPERTUIS : Newton ne pensait, ni ne pouvait penser, que le mécanisme ordinaire que nous connaissons, puisse jamais rendre raison de la gravitation de la matière.

ÉMILIE : Ce qui a trompé en ce point ceux qui se disent cartésiens, c'est qu'ils n'ont pas voulu distinguer ce que Newton dit comme mathématicien et ce qu'il dit comme physicien.

MAUPERTUIS : En effet, le géomètre examine, indépendamment de toute matière, les forces centripètes tendant à un centre, à un point mathématique ; le physicien les considère ensuite comme une force répandue également dans chaque partie de la matière.

POINCARÉ : C'est ainsi qu'on observe dans une balance le centre mathématique de gravité, et qu'on observe physiquement que les masses des deux branches de la balance sont égales.

Les débatteurs enlèvent leurs tabliers.

MAUPERTUIS : Mais, encore une fois, après que, dans le cours de ses recherches, Newton a examiné la nature plus en physicien, il est forcé de déclarer que nul tourbillon, nulle impulsion comme nulle loi mécanique ne peut rendre raison des forces centripètes. J'avouerai cependant qu'il est bon que les contradictions servent à affermir une découverte, et que des géomètres et des physiciens aient cherché à concilier les tourbillons de Descartes avec les découvertes de Newton, avec les règles de Kepler, avec toutes les lois de la nature. Ils font connaître par leurs efforts les ressources de leur génie.

Par ailleurs, quelques personnes d'esprit supposent que Newton a établi un système. C'est faux. Il n'en a point fait. Il n'a annoncé que des vérités de géométrie et des vérités d'expériences. Il se peut faire que quelqu'un découvre un jour la cause de la pesanteur. Il n'empêche que le calcul de Newton sur la gravitation n'en sera ni moins vrai ni moins admirable.

Je vous demande pardon pour tant de paroles... Mais quand on est en présence de Madame du Châtelet, on ne peut modérer son esprit aisément.

ÉMILIE : Je vous avoue que je n'ai jamais connu le sentiment de l'envie que pour vous. Vous êtes trop heureux de joindre à tous les talents et à tous les goûts, le bonheur de pouvoir les satisfaire avec cette liberté qui les fait naître. Votre amitié, Monsieur de Maupertuis, fait le charme de ma vie dans les temps les plus heureux pour moi, c'est-à-dire dans ceux où je vous vois souvent.

VOLTAIRE : Eh bien je vois que le sublime Maupertuis vient éclipser mes bagatelles. Oh ! Je n'en suis ni fâché, ni surpris. La raison ferme et lumineuse du vrai savant que je chéris vous dévoilera sans doute les replis de la nature, mais vous apprendra-t-il à être heureuse ?

ÉMILIE : Voilà que vous m'offrez les fleurs et les épines !

VOLTAIRE : Je suis comme Saint Pacôme, qui récitant ses matines sur sa chaise percée, disait au diable : « Mon bon ami, ce qui va en haut est pour Dieu ; ce qui tombe en bas est pour toi. » Le diable c'est qui vous voudrez, et pour Dieu, vous savez bien que c'est vous...

Maupertuis sort. Voltaire raccompagne Émilie et reste seul dans la pièce.

Scène 7 : Descartes soliloque en passant... de nouveau...

DESCARTES : J'ai fait un rêve...

Un autre rêve. Après m'être rendormi, au bout de deux heures passées dans des pensées diverses, sur les biens et les maux de ce monde, je crois entendre un bruit aigu et éclatant que je prends pour un coup de tonnerre. M'éveillant, j'aperçois des étincelles de feu répandues dans la chambre. L'excitation de ma pensée est telle, que je fais l'expérience d'ouvrir et de fermer les yeux à plusieurs reprises afin de vérifier la qualité des espèces qui me sont représentées. Me rassurant à l'aide de raisons prises de ma philosophie, je me rendors non sans penser que l'épouvante dont je fus frappé dans ce second songe est le signe des remords de ma conscience, touchant les péchés que je pouvais avoir commis pendant le cours de ma vie jusqu'alors.

Mon troisième songe n'a rien de terrible comme les deux premiers. Des livres tombent sous ma main, sans savoir qui les a placés là : un dictionnaire figurant toutes les sciences rassemblées ensemble, ce dont je fus ravi dans l'espérance qu'il pourrait m'être fort utile. À côté, un recueil de poèmes, intitulé *Corpus poetarum* et désignant à mon avis la philosophie et la sagesse. Car les poètes me semblent émettre des sentences plus profondes que les philosophes. Le premier vers que je lis est « Quod vitae sectabor iter ? » ou « Quelle voie suivrai-je en cette vie ? ». Puis, tandis qu'un homme que je ne connais pas me présente un texte en vers qui commence par « est et non », les deux livres apparaissent et disparaissent tout en subissant des mutations et des amputations.

Je relie ces trois songes à l'état d'enthousiasme dans lequel je suis d'avoir trouvé les fondements de la science admirable : Ainsi le « est et non » est associé au « oui et non » de Pythagore et à la conscience que j'ai de la vérité et de la fausseté dans la connaissance et qui me préoccupe fort. L'Esprit de Vérité m'ouvre ses trésors : la foudre de mon deuxième songe est cet esprit descendu sur moi pour me posséder. Néanmoins je reste troublé par ces trois songes. L'embarras où je me trouve me fait prier Dieu afin qu'il me fasse connaître sa volonté, qu'il veuille m'éclairer et me conduise dans la recherche de la vérité !

Scène 8 : Échange entre Descartes et Voltaire.

VOLTAIRE : Ah, mon cher Descartes... Pourquoi avez-vous abandonné votre propre géométrie pour ne croire que votre imagination ?

DESCARTES : La principale règle que j'ai toujours observée en mes études, et qui m'a le plus servi pour acquérir quelques connaissances, est que j'ai donné tout mon temps au repos des sens et de l'esprit. Je n'ai employé que fort peu d'heures par jour aux pensées qui occupent l'imagination et fort peu d'heures par an à celles qui occupent l'entendement seul,

Dans mes plus jeunes années, j'étudiais en méditant couché et ne me relevais qu'à mi-corps, par intervalle, pour écrire mes pensées.

VOLTAIRE : Le philosophe ne peut que rendre hommage à votre génie tout en foulant les ruines de votre système...

DESCARTES : C'est proprement avoir les yeux fermés, sans tâcher jamais de les ouvrir, que de vivre sans philosopher.

VOLTAIRE : Je voue à l'exécration publique et au mépris éternel vos persécuteurs qui osèrent vous accuser d'athéisme, vous qui avez épuisé toute la sagacité de votre esprit à chercher de nouvelles preuves de l'existence de Dieu.

DESCARTES : Notre connaissance pourrait certainement s'accroître par degrés jusqu'à l'infini. La connaissance de Dieu, elle, est infinie. Et si, par une très grande erreur, il nous venait l'extravagance d'être des dieux, alors nous aimerions seulement la divinité au lieu d'aimer Dieu. La connaissance doit remplir un homme d'une joie si extrême qu'il ne peut être injurieux et ingrat envers Dieu, en souhaitant tenir sa place. Il sait que c'est Dieu qui lui a fait la grâce de parvenir à de telles connaissances ; et se joignant entièrement à lui, il l'aime si parfaitement qu'il ne désire plus rien au monde, sinon que la volonté de Dieu soit faite. Ce qui est cause qu'il ne craint plus la mort, ni les douleurs, ni les disgrâces, parce qu'il sait que rien ne peut lui arriver que ce que Dieu aura décrété.

VOLTAIRE : Certes. Cependant, permettez-moi d'oser dire ici, et sans détour, que vous vous êtes souvent trompé.

DESCARTES : Je serais bien aise que ceux qui me voudraient faire des objections ne se hâtent point et qu'ils tâchent d'entendre tout ce que j'ai écrit, avant que de juger une partie ; car le tout se tient et la fin sert à prouver le commencement.

VOLTAIRE : Votre imagination brillante et forte a fait de vous un homme singulier dans votre manière de raisonner comme dans votre vie privée. En effet, étant devenu philosophe, vous n'avez pas cru indigne d'avoir une fille de votre maîtresse.

DESCARTES : Je suis homme et je n'ai point fait vœu de chasteté.

VOLTAIRE : Newton n'a eu ni passion ni faiblesse. Il n'a même jamais approché d'aucune femme.

DESCARTES : On peut admirer en cela Newton mais il ne faut point blâmer Descartes.

VOLTAIRE : L'opinion publique en Angleterre est que vous êtes un rêveur et que Newton était un sage.

DESCARTES : Je n'ai jamais prétendu passer pour plus sage que les autres.

VOLTAIRE : Soit. Vous avez fait de l'optique un art tout nouveau grâce à votre esprit de géométrie et d'invention mais, là aussi, vous vous êtes beaucoup trompé !

DESCARTES : C'est qu'un homme qui découvre de nouvelles terres ne peut tout d'un coup en connaître toutes les propriétés.

VOLTAIRE : Ceux qui vous ont suivi vous ont au moins l'obligation de la découverte, mais vous ne pouvez nier que vos ouvrages fourmillent d'erreurs ?

DESCARTES : J'ai donné un œil aux aveugles : ils virent ainsi les fautes de l'antiquité… et les miennes…

VOLTAIRE : Vous avez donc appris aux hommes à raisonner et à se servir contre vous-même de vos propres armes !

DESCARTES : Les connaissances qui ne surpassent point l'esprit humain sont toutes enchaînées avec une liaison si merveilleuse qu'il ne faut point avoir beaucoup d'adresse et de capacité pour les trouver, pourvu qu'ayant commencé par les plus simples, on sache se conduire de degré en degré jusques aux plus relevées.

Quant à moi conscient de ma faiblesse dans ma quête de connaissances, j'ai décidé d'observer opiniâtrement un ordre tel qu'en partant toujours des choses les plus simples et les plus faciles, je m'interdise de passer à d'autres, avant que dans les premières il ne m'apparaisse qu'il ne reste plus rien à découvrir.

Toute connaissance qui ne s'obtient pas par intuition pure et simple d'une chose isolée, s'obtient par la comparaison de deux ou plusieurs choses entre elles. Et presque tout le travail de la raison humaine consiste sans doute à rendre cette opération possible.

VOLTAIRE : Pourtant, vous n'avez presque point fait d'expériences, et si vous en aviez fait vous n'auriez point établi de fausses lois du mouvement.

DESCARTES : Vous ne sauriez fidèlement rapporter tout ce que j'ai dit de quelques questions, si vous ne rapportez en même temps tout ce que j'ai écrit des autres. J'use d'une façon de philosopher telle que tous mes raisonnements ont une évidence mathématique, et que des expériences véritables confirment toutes mes conclusions.

VOLTAIRE : On dit que Newton voulut un jour lire votre volume sur la géométrie, qu'il mit en marge des sept ou huit premières pages « Erreur ! Erreur ! Erreur ! » et qu'il cessa sa lecture.

DESCARTES : Si quelques-unes de mes suppositions choquent d'abord, justement parce que je les nomme suppositions et que je ne semble pas avoir envie de les prouver, qu'on ait la patience de lire le tout avec attention, et j'espère alors qu'on s'en trouvera satisfait ; car il me semble que les raisons s'y enchaînent de telle sorte que les dernières sont démontrées par les premières qui sont leurs causes, et les premières le sont réciproquement par les dernières qui sont leurs effets.

VOLTAIRE : Ne pourrait-on dire alors que votre philosophie est un essai et celle de Newton un chef-d'œuvre, mais que celui qui nous a mis par sa pensée sur la voie de la vérité vaut, peut-être, celui qui depuis a été au bout de ce chemin ?

DESCARTES : Ah, la pensée ! Par ce nom, je comprends tout ce qui est tellement en nous que nous en sommes immédiatement connaissants. Ainsi toutes les opérations de la volonté, de l'entendement, de l'imagination et des sens, sont des pensées. Quand nous nous apercevons que nous sommes des choses qui pensent, c'est une notion qui n'est tirée d'aucun syllogisme ; et lorsque quelqu'un dit : « Je pense donc je suis », ou « j'existe », il ne conclut pas son existence de sa pensée, mais comme une chose connue, qu'il voit par une simple inspection de l'esprit. Et vu que nous avons été créés par un être supérieur, dont la toute-puissance n'aurait eu aucune difficulté à nous créer différents de ce que nous pensons être, il est certain que ces raisons-là sont assez fortes pour nous obliger de douter. Tout en étant elles-mêmes douteuses et incertaines. Mais nous n'en avons point d'autres qui, en chassant le doute, apporteraient en même temps la certitude. Je dis pour cela que les raisons que j'ai eues de douter étaient fortes et mûrement considérées.

VOLTAIRE : Tout de même, si je passe de votre géométrie à votre physique, j'ai peine à croire que vos ouvrages soient du même homme, et je cherche Descartes dans Descartes.

DESCARTES : Les comédiens appelés sur la scène, pour ne pas laisser voir la rougeur de leur front, mettent un masque. Comme eux, au moment de monter sur ce théâtre du monde, je m'avance masqué.

Noir. Entracte.

Scène 9 : Voltaire rédige ses *Éléments de la philosophie de Newton* en présence de Poincaré.

Poincaré écrit sous la dictée de Voltaire.

VOLTAIRE : Cet écrit ne doit point être un cours de physique complet. S'il était tel, il serait immense ; une seule partie de la physique occupe souvent la vie de plusieurs hommes.

POINCARÉ : Et les laisse souvent mourir dans l'incertitude.

VOLTAIRE : Avant que je donne une idée des découvertes de Newton en physique, je ferai d'abord connaître ce qu'il pensait en métaphysique ; non que je veuille apprendre au public de vaines anecdotes dont il aime à repaître sa curiosité sur ce qui occupe les hommes renommés, mais...

POINCARÉ : Mais parce que ses pensées sur ce qui est le moins à notre portée peuvent encore être très utiles aux hommes.

VOLTAIRE : En effet; celui qui a découvert tant de vérités admirables dans le monde sensible ne s'est pas plus égaré dans le monde spirituel. Je dirai fidèlement ce que j'ai recueilli en Angleterre auprès son disciple, le philosophe Clarke, et ce que j'ai puisé dans les écrits mêmes de Newton.

POINCARÉ : Le titre ?

VOLTAIRE : Éléments de la philosophie de Newton.

POINCARÉ : Une dédicace, je suppose...

VOLTAIRE : À Émilie bien sûr, à celle qui a su mêler aux amusements de son sexe cette application constante qui est peut-être le don de l'esprit le plus rare, et sans jamais permettre à son imagination, pourtant des plus brillantes, de s'accoutumer à orner des faussetés, ni de trop voltiger sur la surface des objets. Le mot propre, la précision, la justesse et la force sont le caractère de son éloquence.

POINCARÉ : Un exemple ! Et bien peu imité...

VOLTAIRE : Que diriez-vous de :

Tu m'appelles à toi, vaste et puissant génie,
Minerve de la France...

POINCARÉ : Minerve ?

VOLTAIRE : Minerva, déesse de la sagesse. Scientifique mais pas féru de littérature, Poincaré ? Je reprends :

Minerve de la France, immortelle Émilie;
Je m'éveille à ta voix, je marche à ta... à ta lueur, à ta lumière...

POINCARÉ : À ta clarté !

VOLTAIRE : Parfait, je marche à ta clarté...

POINCARÉ : Juste un peu de littérature...

VOLTAIRE :... je marche à ta clarté,
Sur les pas des Vertus et de la Vérité.
Je n'entends point les cris que la haine a formés;
Je ne vois point les pas dans la fange imprimés.
Le... Le charme tout-puissant...

POINCARÉ : Le charme tout-puissant de la philosophie !

VOLTAIRE : De mieux en mieux.

Le charme tout puissant de la philosophie
Élève un esprit sage au-dessus de l'envie.
Je ne la connais plus. Déjà de la carrière
L'auguste Vérité vient m'ouvrir la barrière ;
Déjà ces tourbillons, l'un par l'autre pressé,
Se mouvant sans espace et sans règle entassés,
En dépit de Descartes à mes yeux disparaissent.
Un jour plus pur me luit...

POINCARÉ : Les mouvements renaissent.

VOLTAIRE : Bien dit. J'évoquerai ensuite Newton, Dieu et l'espace. Sans oublier le soleil, la lune et les comètes.

POINCARÉ : En attendant vous oubliez Émilie.

VOLTAIRE : Que non ! Je terminerai ainsi :
Puissé-je auprès de vous qui m'avez éclairé,
Aux regards des Français montrer la vérité.
Le compas à la main, j'en tracerai les traits ;
Fidèle à ses charmes qui ornent ses attraits
De mes crayons grossiers je peindrai l'immortelle.
Cherchant à l'embellir, je la rendrais moins belle.
Elle est, ainsi que vous, noble, simple et sans fard,
Au-dessus de l'éloge, au-dessus de mon art.

POINCARÉ : Qu'en termes galants ces choses-là sont mises.

VOLTAIRE : Molière, maintenant ! Vous voilà tout à fait fréquentable.

POINCARÉ : Vous disiez commencer ensuite par la métaphysique ?

VOLTAIRE : Newton était intimement persuadé de l'existence d'un Dieu. Toute sa philosophie conduit nécessairement à la connaissance d'un Être suprême, qui a tout créé, tout arrangé librement. Si la matière gravite, comme cela est démontré, elle ne gravite pas de sa nature, elle a donc reçu de Dieu la gravitation.

POINCARÉ : Si les planètes tournent en un sens plutôt qu'en un autre, dans un espace non résistant, la main de leur créateur a donc dirigé leur cours en ce sens avec une liberté absolue.

Voltaire : Newton pensait que tous ces desseins variés à l'infini qui éclatent dans les plus vastes et les plus petites parties de l'univers, étaient l'ouvrage d'un artisan fort habile.

Poincaré : Et que pensait-il de la preuve que l'on tire de la succession des êtres ?

Selon laquelle, si les hommes, les animaux, les végétaux, tout ce qui compose le monde, était éternel, on serait forcé d'admettre une suite de générations sans cause. Ces êtres, dit-on, n'auraient point d'origine de leur existence ; ils n'en auraient point d'extérieure, puisqu'ils sont supposés remonter sans commencement de génération en génération ; ils n'en auraient point d'intérieure, puisqu'aucun d'eux n'existerait par soi-même. Ainsi tout serait effet, et rien ne serait cause.

Voltaire : Il trouvait que cet argument n'était fondé que sur l'équivoque de « générations » et « d'êtres formés les uns par les autres ». Les athées, eux, répondent que l'univers est un tout, existant nécessairement, se développant sans cesse ; c'est un même être dont la nature est d'être immuable dans sa substance, et éternellement varié dans ses modifications. L'athée nie la pluralité des êtres. Pour lui rien ne naît de rien, une substance ne peut en produire une autre et tout est éternel et nécessaire. Il ajoute qu'il n'y a rien en repos, que le repos est une fiction, une idée incompatible avec la nature de l'univers. Une matière infiniment déliée circulerait éternellement dans tous les pores des corps, il y aurait toujours également des forces motrices dans la nature, et cette permanente égalité de forces prouverait la nécessité du mouvement. À cela, Newton répond par cet ordre admirable qui règne dans le monde. Il ne trouve point de raisonnement plus convaincant et plus beau en faveur de la Divinité, que celui de Platon, qui fait dire à l'un de ses interlocuteurs : vous jugez que j'ai une âme intelligente, parce que vous apercevez de l'ordre dans mes paroles et dans mes actions ; jugez donc, en voyant l'ordre de ce monde, qu'il y a une âme souverainement intelligente.

Poincaré : Donc si l'on est persuadé avec Descartes, qu'il est impossible que le monde soit fini, que le mouvement est toujours dans la même quantité, dès qu'on ose dire: Donnez-moi du mouvement et de la matière et je vais faire un monde, alors il faut l'avouer, ces idées semblent exclure l'existence d'un seul être infini, seul auteur du mouvement et seul auteur de l'organisation des substances.

VOLTAIRE : À Dieu ne plaise que par une calomnie horrible nous accusions ce grand homme d'avoir méconnu la suprême intelligence à laquelle il devait tant, et qui l'avait élevé au-dessus de presque tous les hommes de son siècle. Mais je dis que le cartésianisme a conduit a n'admettre d'autre Dieu que l'immensité des choses alors que je n'ai vu au contraire aucun newtonien qui ne fut théiste dans le sens le plus rigoureux.

POINCARÉ : La philosophie nous montre bien qu'il y a un Dieu; mais elle est impuissante à nous apprendre ce qu'il est, ce qu'il fait et pour quoi il le fait.

VOLTAIRE : Il me semble qu'il faudrait être lui-même pour le savoir.

POINCARÉ : Vous envisagez combien de chapitres pour cette métaphysique?

VOLTAIRE : J'avais dans l'idée de développer mes considérations sur neuf chapitres. Certains traiteraient de l'espace et de la durée comme propriétés de Dieu d'où ressortiraient les propriétés de l'espace et de la durée; d'autres de la religion naturelle, de l'âme et de la manière dont elle est unie au corps, des premiers principes de la matière, de la nature des éléments de la matière et de la force active qui met tout en mouvement dans l'univers. J'y mettrai en opposition également quelques arguments d'Épicure, de Clarke, de Locke et bien sûr de Leibniz.

POINCARÉ : Voilà bien en effet de quoi nourrir neuf chapitres. Et pour la suite?

VOLTAIRE : Je consacrerai la seconde partie à la lumière. C'est de tous les corps qui se font sentir à nous, le plus délié, le plus approchant de l'infini en petit; c'est pourtant celui que nous connaissons davantage. On l'a suivi dans ses mouvements, dans ses effets; on est parvenu à l'anatomiser, à le séparer en toutes ses parties possibles.

POINCARÉ: C'est celui de tous les corps dont la nature intime est le plus développée; c'est celui qui nous approche le plus près des ressorts de la nature.

VOLTAIRE: Newton anatomisera un seul rayon de lumière avec plus de dextérité que le plus habile artiste ne dissèque le corps humain. J'évoquerai ses travaux sur la propriété que la lumière a de prendre un autre chemin en passant d'une substance dans une autre. Comment la lumière se brise.

POINCARÉ: C'est par cette propriété que l'on appelle réfraction, qu'une rame plongée dans l'eau paraît courbée au matelot qui la manie; c'est ce qui fait que dans une jatte nous apercevons, en y jetant de l'eau, l'objet que nous n'apercevions pas auparavant en nous tenant à la même place.

VOLTAIRE: Et la cause qui fait briser les rayons de la lumière est une loi générale de la nature: l'attraction.

POINCARÉ: Et ainsi, tout naturellement, la pesanteur et les lois de l'attraction feront les chapitres d'une troisième partie.

VOLTAIRE: Exactement. Je commencerai par dire qu'un lecteur sage qui aura vu avec attention ces merveilles de la lumière, convaincu par l'expérience qu'aucune impulsion connue ne les opère, sera sans doute impatient d'observer cette puissance nouvelle dont nous avons parlé sous le nom d'attraction. Que les noms encore une fois ne nous effarouchent point, examinons simplement les faits.

POINCARÉ: Les tourbillons, la matière subtile et le plein doivent être rejetés.

VOLTAIRE: La pesanteur agit en raison des masses.

POINCARÉ: D'où vient ce pouvoir de la pesanteur?

VOLTAIRE: Pourquoi un corps pèse-t-il plus qu'un autre?

POINCARÉ: Le système de Descartes ne peut en rendre raison.

VOLTAIRE: Par conséquent, il y a une autre cause de la pesanteur.

POINCARÉ : La gravitation. Démontrée par les découvertes de Galilée et de Newton.

VOLTAIRE : La même cause qui fait tomber les corps sur la terre dirige la lune autour de la terre.

POINCARÉ : La gravitation n'est point l'effet du cours des astres, mais leurs cours sont l'effet de la gravitation.

VOLTAIRE : La gravitation est dans toutes les parties de la matière également.

POINCARÉ : Théorie de notre monde planétaire. Démonstration du mouvement de la terre autour du soleil, tirée de la gravitation.

VOLTAIRE : Grosseur du soleil. Idée de Newton sur la densité du corps de Mercure. Théorie de la lune et du reste des planètes. Grosseur et masse de Jupiter. Pesanteur des corps sur Saturne et de ce globe sur le soleil.

POINCARÉ : Flux et reflux de la mer. Du pouvoir de l'attraction sur les comètes...

Scène 10 : Intervention de Mme Alberht.

Mme Alberht entre avec les habits de nuit de Voltaire.

POINCARÉ : Il vous faut donner ces *Éléments de la philosophie de Newton* au public, parce qu'il me semble utile de le mettre au fait de ces nouvelles vérités dont tout le monde parle comme d'un monde inconnu.

VOLTAIRE : Mais c'est justement ce que je m'efforce de faire : mettre ces vérités-là à la portée des esprits les moins exercés dans ces matières.

Poincaré sort.

MME ALBERHT : Mais il sera utile aux savants mêmes ; il n'existait encore nulle part un tableau aussi précis de ces découvertes importantes ; la plupart des physiciens les combattent sans les connaître.

VOLTAIRE : Malgré le goût dominant pour la philosophie

cartésienne, elles pénétreront un jour ou l'autre dans l'Académie des sciences.

MME ALBERHT : Mais le chemin sera long. Ceux que la passion de critiquer domine vous feront un crime d'avoir enseigné des vérités découvertes en Angleterre. Ils prétendront de nouveau que c'est être mauvais Français que de ne pas être cartésien.

VOLTAIRE : Je rends justice à Descartes ; je l'ai toujours regardé comme le premier génie de son siècle ; mais une chose est d'admirer, autre chose est de croire. Aujourd'hui que nos yeux nous démontrent ses erreurs, il ne serait pas permis de les abandonner !

MME ALBERHT : On ne doit voir dans cet ouvrage qu'un hommage rendu aux sciences et à leur utilité par le premier homme de la littérature. Vous y répandez des réflexions d'une philosophie juste et modérée.

VOLTAIRE : La justesse et la modération s'imposent d'elles-mêmes quand il s'agit de rapporter sans artifices les idées sublimes de l'âme de Newton.

MME ALBERHT : Ainsi vous contribuez à rendre ces idées grandes et vastes aussi intelligibles qu'elles peuvent l'être pour ceux qui ne sont pas géomètres. On ne peut qu'admirer celui qui les a conçues et celui qui les rapporte

Mme Alberht sort.

VOLTAIRE : Et pourtant ce n'est sans doute là que connaissance infime...

Il y a probablement bien d'autres secrets que nous n'avons point arrachés à la nature et qui conspirent avec la gravitation à entretenir l'ordre de l'univers.

Par exemple, la gravitation ne rend raison ni de la rotation des planètes sur leurs propres centres, ni de la détermination de leurs orbes en un sens plutôt qu'en un autre, ni des effets surprenants de l'élasticité, de l'électricité, du magnétisme. Il viendra un temps, peut-être, où l'on aura un amas assez grand d'expériences pour reconnaître quelques autres grands principes cachés. Tout nous avertit que la matière a beaucoup plus de propriétés que nous n'en connaissons. Nous ne sommes encore qu'au bord d'un océan immense ; que de choses restent à découvrir ! Mais aussi que de choses sont à jamais hors de la sphère de nos connaissances ! Nous ne faisons qu'apprendre qu'il nous reste tout à apprendre.

Noir.

Scène 11 : Où Newton monologue sur Dieu, l'alchimie et le culte de Vesta.

NEWTON : Sachez que mon nom exprimé en latin se dit ISAACUS NEUUTONUS. Ce qui, dans un autre ordre de lettres, pourrait se dire : IEOVA SANCTUS UNUS, ce qui signifie : Yaveh seul saint. Dieu, infiniment libre comme infiniment puissant, a fait beaucoup de choses qui n'ont d'autres raisons de leur existence que sa seule volonté. L'Être infini est en tout lieu, donc tout lieu existe ; l'Être éternel dure de toute éternité, donc une éternelle durée est réelle. L'espace et la durée sont deux attributs nécessaires et immuables, de l'Être éternel et immense. Dieu n'est pas à proprement parler, ni dans l'espace, ni dans un lieu ; mais Dieu étant nécessairement partout, constitue par cela seul l'espace immense ; de même la durée éternelle est une suite indispensable de l'existence de Dieu. Il n'est ni dans la durée infinie, ni dans un temps ; mais existant éternellement, il constitue par là l'éternité et le temps.

Adorons Dieu de toute notre âme !

Même si je confesse toujours que l'âme est une substance incompréhensible, et que nous n'avons pas assez de connaissance de la nature pour oser prononcer qu'il soit impossible à Dieu d'ajouter le don de la pensée à ce qu'il veut. Il est possible qu'il y ait des millions d'autres substances pensantes, dont la nature pourrait être absolument différente de la nature de notre âme. Ainsi la division que quelques-uns ont faite entre corps et esprit, paraît la définition d'un sourd et d'un aveugle qui, en définissant les sens, ne soupçonneraient ni la vue, ni l'ouïe; de quel droit en effet pourrait-on dire que Dieu n'a pas rempli l'espace immense d'une infinité de substances qui n'ont rien de commun avec nous?

Descartes, de sa part, a écrit qu'il y a une grande différence entre l'esprit et le corps; le corps étant toujours divisible et l'esprit entièrement indivisible. Il me faut purger sa philosophie pour obtenir l'or pur débarrassé de ses scories métalliques. Car l'Alchimie, chimie sublime qui doit être tenue à l'écart des non-initiés pour ne pas entraîner de dommages irréparables au monde, l'Alchimie nous dit que tout corps peut être transformé en n'importe quel autre corps et prendre successivement tous les degrés intermédiaires. Par la chaleur, la nature change l'eau, qui est un sel sans goût très fluide, en vapeur, qui est une sorte d'air, et le froid la change en glace, qui est une pierre dure, translucide, cassante et fusible; et cette pierre redevient eau par la chaleur, et la vapeur redevient eau par le froid. Parmi tant de transmutations étranges et variées, pourquoi la nature ne changerait-elle pas les corps en lumière et la lumière en corps?

Dans toutes ces choses se cache l'unicité de Dieu et tout s'inscrit dans la tradition des sages de l'ancienne Égypte, en lointaine Chaldée et chez les Hébreux, et même au-delà... La religion la plus ancienne et la plus généralement admise par les nations des premiers âges fut celle des Prytanées ou temples de Vesta. Elle était répandue dans toutes les nations depuis des temps immémoriaux. Il faut concevoir que ces temples ne furent à l'origine rien de plus que des espaces circulaires ouverts, abritant un feu en leur centre. Le culte que les Anciens vouaient à Vesta consistait à conserver un feu sacré pour l'usage des sacrifices. C'est pour moi la plus universelle, en même temps que la plus ancienne de toutes les religions. Ce fut celle de Noé et à partir de lui, elle se répandit lors du peuplement primitif de la terre. La religion que Moïse enseigna aux juifs n'était autre que la religion de Noé, purgée des corruptions des païens qui avaient mélangé le culte des faux dieux à celui du vrai dieu.

Un des buts du culte de Vesta, fut de proposer aux hommes, grâce à l'agencement des temples antiques, l'étude de la composition du monde comme étant le vrai temple du Grand Dieu qu'ils adoraient. Et c'est pourquoi les prêtres étaient autrefois versés, plus que les autres hommes, dans la connaissance de la véritable composition de la nature et en faisaient une partie substantielle de leur théologie. La religion primitive était donc la plus rationnelle de toutes, tant que les peuples ne l'eurent pas corrompue.

La droite voie de Dieu est de contempler sa majesté en ses œuvres par lesquelles il se rend prochain et familier à nous.

Noir.

Scène 12 : Émilie, Voltaire, Maupertuis et Mme Alberht répètent la scène 3 de l'acte III d'*Adélaïde du Guesclin,* tragédie historique de Voltaire.

Les personnages sont en armure. Voltaire et Maupertuis portent des épées. Posé au sol un plateau en bois est utilisé comme aire de jeu.

VENDÔME *(Voltaire)* :
Connaissez donc enfin jusqu'où va ma tendresse,
Et tout votre pouvoir, et toute ma faiblesse :
Et, vous, mon frère, et vous, soyez ici témoin
Si l'excès de l'amour peut emporter plus loin.
L'amour qui, malgré vous, nous a faits l'un pour l'autre,
Ne me laisse de choix, de parti que le vôtre.
Je prends mes lois de vous ; votre maître est le mien :
De mon frère et de moi soyez l'heureux lien ;
Soyez-le de l'État, et que ce jour commence
Mon bonheur et le vôtre, et la paix de la France.
Courez, mon cher frère, allez dès ce moment
Annoncer à la cour un si grand changement.
Soyez libre, partez, et de mes sacrifices
Allez offrir au roi les heureuses prémices.

Puissé-je à ses genoux présenter aujourd'hui
Celle qui m'a dompté, qui me ramène à lui,
Qui d'un prince ennemi fait un sujet fidèle,
Changé par ses regards, et vertueux par elle !
Eh quoi ! Vous demeurez interdite et muette ?
De mes soumissions êtes-vous satisfaite ?
Est-ce assez qu'un vainqueur vous implore à genoux ?
Faut-il encore ma vie, ingrate ? Elle est à vous.
ADÉLAÏDE *(Émilie)* :
Seigneur, mon cœur est juste ; on ne m'a vue jamais
Mépriser vos bontés, et haïr vos bienfaits ;
Mais je ne puis penser qu'à mon peu de puissance
Vendôme ait attaché le destin de la France ;
Qu'il n'ait lu son devoir que dans mes faibles yeux ;
Qu'il ait besoin de moi pour être vertueux.
Vos desseins ont sans doute une source plus pure :
Vous avez consulté le devoir, la nature ;
L'amour a peu de part où doit régner l'honneur.
VENDÔME : L'amour seul a tout fait, et c'est là mon malheur ;
Dussé-je vous déplaire et forcer votre cœur,
L'autel est prêt ; venez.
NEMOURS *(Maupertuis)* : Vous osez ?...
ADÉLAÏDE : Non, seigneur.
Avant que je vous cède, et que l'hymen nous lie,
Aux yeux de votre frère arrachez-moi la vie.
Le sort met entre nous un obstacle éternel.
Je ne puis être à vous...
VENDÔME : Nemours ?...ingrate... Ah ciel !
C'en est donc fait... mais non... mon cœur sait se contraindre :
Vous ne méritez pas que je daigne m'en plaindre.
Vous auriez dû peut-être, avec moins de détour,
Dans ses premiers transports étouffer mon amour,
Et par un prompt aveu, qui m'eût guéri sans doute,
M'épargner les affronts que ma bonté me coûte.
Et je ne prétends pas, indignement épris,

Rougir devant mon frère, et souffrir des mépris.
Montrez-moi seulement ce rival qui se cache;
Je lui cède avec joie un poison qu'il m'arrache;
Je vous dédaigne assez tous deux pour vous unir,
Perfide! Et c'est ainsi que je dois vous punir.
ADÉLAÏDE: Je devrais seulement vous quitter et me taire;
Mais je suis accusée et ma gloire m'est chère.
Votre frère est présent, et mon honneur blessé
Doit repousser les traits dont il est offensé.
Pour un autre que vous ma vie est destinée;
Je vous en fais l'aveu, je m'y vois condamnée.
Oui, j'aime; et je serais indigne, devant vous,
De celui que mon cœur s'est promis pour époux,
Indigne de l'aimer, si, par ma complaisance,
J'avais à votre amour laissé quelque espérance.
Vous avez regardé ma liberté, ma foi,
Comme un bien de conquête, et qui n'est plus à moi.
J'ai plaint de votre amour la violence vaine;
Mais, après ma pitié, n'attirez point ma haine.
J'ai rejeté vos vœux, que je n'ai point bravés;
J'ai voulu votre estime et vous me la devez.
VENDÔME: Je vous dois ma colère, et sachez qu'elle égale
Tous les emportements de mon amour fatal.
Quoi donc! Vous attendiez pour oser m'accabler,
Que Nemours fût présent, et me vît immoler?
Nommez donc mon rival: mais gardez-vous de croire
Que mon lâche dépit lui cède la victoire.
Je vous trompais, mon cœur ne peut feindre longtemps;
Je vous traîne à l'autel, à ses yeux expirants;
Et ma main, sur sa cendre, à votre main donnée,
Va tremper dans le sang les flambeaux d'hyménée.
NEMOURS: Pourquoi d'un choix indigne osez-vous l'accuser?
VENDÔME: Et pourquoi, vous mon frère, osez-vous l'excuser?
Tremblez.
NEMOURS: Moi! Que je tremble! Ah! J'ai trop dévoré

L'inexprimable horreur où toi seul m'as livré ;
J'ai forcé trop longtemps mes transports au silence :
Connais-moi donc, barbare, et remplis ta vengeance !
Connais un désespoir à tes fureurs égal ;
Frappe, voilà mon cœur, et voilà ton rival !
VENDÔME : Toi, Nemours ! Toi mon frère !
NEMOURS : Oui, depuis deux années,
L'amour le plus secret a joint nos destinées.
Mon frère est mon rival, et je l'ai combattu ;
J'ai fait taire le sang, peut-être la vertu.
Furieux, aveuglé, plus jaloux que toi-même,
J'ai couru, j'ai volé, pour t'ôter ce que j'aime ;
Rien ne m'a retenu, ni tes superbes tours,
Ni le peu de soldats que j'avais pour secours.
Ni le lieu, ni le temps, ni surtout ton courage ;
Je n'ai vu que ma flamme, et ton feu qui m'outrage.
L'amour fut dans mon cœur plus fort que l'amitié ;
Sois cruel comme moi, punis-moi sans pitié :
Aussi bien tu ne peux t'assurer ta conquête,
Tu ne peux l'épouser qu'aux dépens de ma tête.
À la face des cieux je lui donne ma foi ;
Je te fais de nos vœux le témoin malgré toi.
Frappe, et qu'après ce coup, ta cruauté jalouse
Traîne aux pieds des autels ta sœur et mon épouse.
Frappe, dis-je : oses-tu ?
VENDÔME : Traître, c'en est assez.
Qu'on l'ôte de mes yeux : soldats, obéissez.
ADÉLAÏDE : Non, demeurez cruels... Ah ! Prince, est-il possible
Que la nature en vous trouve une âme inflexible ?
Seigneur !
NEMOURS : Vous, le prier ? Plaignez-le plus que moi.
Plaignez-le : il vous offense, il a trahi son roi.
Va, je suis dans ces lieux plus puissant que toi-même ;
Je suis vengé de toi : l'on te hait, et l'on m'aime.
ADÉLAÏDE : Seigneur pardonnez-lui ! Je suis à vos genoux...

VENDÔME : J'ai trop à pardonner. Madame, levez-vous.
Vos prières, vos pleurs, en faveur d'un parjure,
Sont un nouveau poison versé sur ma blessure :
Vous avez mis la mort dans ce cœur outragé ;
Mais, perfide, croyez que je mourrai vengé.
Adieu : si vous voyez les effets de ma rage,
N'en accusez que vous ; nos maux sont votre ouvrage.
ADÉLAÏDE : Une prière encore, écoutez-moi seigneur.
VENDÔME : Eh bien achevez donc de déchirer mon cœur :
Parlez.

Survient Mme Alberht en Coucy...

COUCY : Le désordre est partout, vos soldats consternés
Désertent les drapeaux de leurs chefs étonnés ;
Et, pour comble de maux, vers la ville alarmée,
L'ennemi rassemblé fait marcher son armée.
VENDÔME : Allez, cruelle, allez ; vous ne jouirez pas
Du fruit de votre haine et de vos attentats ;
Rentrez. Aux factieux je vais montrer leur maître.
Qu'on la garde. Courons. Vous, veillez sur ce traître.

Scène 13 : Maupertuis part en Laponie. Désarroi d'Émilie. Satisfaction teintée de regret de Voltaire.

Émilie, Voltaire et Maupertuis retirent leurs armures.

ÉMILIE : Ainsi, vous partez.

MAUPERTUIS : Je pars en effet. Ce soir. L'ordre vient de m'être confirmé. L'Académie royale des sciences m'a confié le commandement d'une expédition en Laponie. La Condamine en dirigera une seconde sur le Pérou.

VOLTAIRE : Vous allez donc vous geler pour la gloire pendant qu'elle brûlera La Condamine !

MAUPERTUIS : Nous comparerons la mesure d'un degré d'angle de méridien, à trois latitudes différentes : sur l'Équateur, sur le cercle polaire... et à Paris.

ÉMILIE : Que n'avez-vous choisi Paris ?

MAUPERTUIS : Cette mesure de l'arc de l'aplatissement de la terre aux pôles prouvera qu'elle n'est pas complètement ronde, et le bien fondé de la mécanique de Newton.

VOLTAIRE : Je chante déjà vos exploits polaires :
Terre, change de forme, et que la pesanteur
Abaissant tes côtés, soulève l'Équateur !

MAUPERTUIS : Mieux vaudrait je crois :
Change de forme, ô terre ! Et que ta pesanteur
Augmentant sous le pôle, élève l'Équateur.

VOLTAIRE : Ils sont peut-être plus justes, mais ne sont pas si beaux... Mon cher aplatisseur de globe.

ÉMILIE : Vous pouvez bien partir pour le pôle, mais ce ne sera assurément pas sans recevoir des reproches de ma part.

VOLTAIRE : Émilie, je le crains, sent déjà les peines et les inquiétudes de votre absence.

MAUPERTUIS : La première poste vous apportera de mes nouvelles.

ÉMILIE : Il n'y a que vos lettres qui puissent tenir lieu des grâces de votre imagination et de votre esprit.

MAUPERTUIS : Soyez bien persuadée que je ne manquerai pas de vous donner ces marques de mon souvenir.

ÉMILIE : Je souhaite qu'elles suffisent à mon bonheur, car je ne puis croire que je sois née pour être malheureuse.

VOLTAIRE : On passe sa vie à faire le projet d'être heureux !

MAUPERTUIS : Je vous donnerai de mes nouvelles.

ÉMILIE : Il faut vous aimer passionnément pour ne vous pas détester.

MAUPERTUIS : Soyez assurée que ni madame de Lauraguais, ni madame de Saint Pierre, ni toutes les duchesses du monde n'auront reçu de moi une amitié plus tendre que ma Dame de Cirey.

VOLTAIRE : Eh bien ! Je serais véritablement très fâché qu'une absence nécessaire mit quelque lacune entre elle et vous !

MAUPERTUIS : Croyez bien que rien ne pourra m'empêcher de m'intéresser sensiblement à tout ce qui vous arrivera.

VOLTAIRE : C'est cela et rapportez du milieu de vos glaçons une bonne santé !

ÉMILIE : Et un peu d'amitié pour moi.

MAUPERTUIS : Je serai toujours la personne du monde qui aura pour vous l'amitié la plus véritable. Et même de l'autre monde, car la Laponie n'est pas de celui-ci.

VOLTAIRE : Revenez promptement nous dire des nouvelles. Madame la marquise du Châtelet et moi nous sommes si attachés a ce qui a du rapport à votre mesure de la terre et à sa forme.

ÉMILIE : Vous me quittez pour les Laponnes, sentiront-elles autant que moi ce que vous valez ?

VOLTAIRE : Que les Lapons, sur leur rivage,
Puissent dire dans tous les temps :
Tous les Français sont bienfaisants ;
Nous n'en avons vu qu'un... volage.

MAUPERTUIS : Adieu ; je n'ai point d'expression pour vous dire combien mon cœur et mon esprit sont les très humbles serviteurs et admirateurs des vôtres...

VOLTAIRE : Cela est trop long, il n'y a qu'à l'exprimer en algèbre !

ÉMILIE : J'espère que vous ferez un aussi bon usage de votre liberté, que le moineau qui reste dans sa cage, quoiqu'elle soit ouverte.

VOLTAIRE : Des choses les plus sûres, la plus sûre est le doute.

ÉMILIE : Ah ! Si je pouvais devenir l'étoile polaire...

Noir.

Scène 14 : Mme Alberht et Poincaré concluent à leur manière « l'aventure » de la gravitation.

Mme Alberht et Poincaré à l'aide d'éponges et d'un escabeau effacent sur le mur les dessins et les formules.

MME ALBERHT : Alexis Clairaut viendra remplacer Maupertuis.

POINCARÉ : Et Voltaire remplacera Voltaire.

MME ALBERHT : Descartes sera effacé par Newton.

Chacun s'effacera devant l'autre. La pomme finira par tomber dans la main d'un autre homme et accompagnera le philosophe dans sa chute.

POINCARÉ : Une loi expérimentale est toujours soumise à la révision ; on doit toujours s'attendre à la voir remplacée par une loi plus précise.

MME ALBERHT : L'énergie déployée pour effacer les écrits des uns pour laisser la place aux autres est en proportion du carré de leurs empressements.

POINCARÉ : La formule succède à la formule.

MME ALBERHT : Le plus incompréhensible c'est que le monde soit compréhensible.

Noir.

Scène 15 : Mort d'Émilie. Hommage de Voltaire.

Émilie est assise dans un fauteuil au centre de la scène.

ÉMILIE : Je me crus frappée longtemps avant le coup qui m'a enlevée. Dès lors, je ne songeais plus qu'à dérober à la mort le peu de temps qui me restait. Mon ardeur et mon opiniâtreté au travail, mes veilles continuelles dans un temps où le repos m'aurait sauvée, amenèrent enfin cette mort que j'avais prévue. Par un mélange singulier de sentiments qui semblaient se combattre, je regrettai cette vie tout en regardant la mort avec intrépidité. La douleur d'une séparation éternelle affligeait sensiblement mon âme et la philosophie dont elle était remplie me laissait tout mon courage. Un homme qui s'arrache tristement à sa famille désolée et qui fait tranquillement les préparatifs d'un long voyage, n'est que le faible portrait de ma douleur et de ma fermeté.

Je suis morte en couches au palais de Lunéville le 10 septembre 1749 et inhumée dans la chapelle voisine.

VOLTAIRE : Ainsi votre présence m'est ravie. Je ne verrai donc plus vos beaux yeux ; je vous perds charmante Émilie. Vous aviez des appas pour la terre, vous voilà maintenant des ailes pour les cieux. Âme rebelle qui parcourait mieux que les plus savants hommes de France les mondes qu'on ne connaît pas. Votre esprit philosophe aimait aussi un peu les pompons. Vous aviez brodé comme une étoffe votre belle âme en mille façons. Vos yeux étaient profonds, votre regard moqueur. Vos belles mains couvraient de fleurs les épines des sciences. Votre bouche parlait au cœur. Votre corsage s'ornait d'un bouquet qui fleurait le divin. Mais... le pinceau me brûle la main. Je ne peins pas la beauté nue, de peur, nouveau Pygmalion, d'être amoureux de ma statue.

Ceux qui vous voyaient à la cour ne vous prenaient assurément pas pour un commentateur de philosophe, et les savants, assez savants pour vous lire, se doutaient encore moins que vous descendiez aux amusements de ce monde avec la même facilité que vous vous éleviez aux vérités les plus sublimes. Ce naturel et cette simplicité, toujours si rares, font que le petit nombre d'esprits supérieurs qui se sont appliqués aux mêmes études que vous, a pour vous la plus grande vénération et que la postérité vous regardera avec étonnement. Une femme, avec un bon conseil, peut gouverner comme Auguste; mais pénétrer par un travail infatigable des vérités dont l'approche intimide la plupart des hommes, approfondir dans ses heures de loisir ce que les plus philosophes étudient sans relâche, c'est ce qui n'a été donné qu'à vous, Madame. Jamais femme ne fut si savante, et jamais personne ne mérita moins qu'on dît d'elle: c'est une femme savante! Elle ne parlait jamais de science qu'à ceux avec qui elle croyait pouvoir s'instruire, et jamais elle n'en parla pour se faire remarquer. Elle a vécu longtemps dans des sociétés où l'on ignorait ce qu'elle était, et elle ne prenait pas garde à cette ignorance.

Les charmes de la poésie vous pénétraient, et jamais oreille ne fut plus sensible à l'harmonie. Vous saviez par cœur les meilleurs vers. Heureux l'esprit que la philosophie n'a pu dessécher, et que les charmes des belles-lettres n'ont pu amollir, qui a su se fortifier avec Locke, s'éclairer avec Clarke et Newton, s'élever dans la lecture de Cicéron et de Bossuet, s'embellir par les charmes de Virgile. Les beautés de l'imagination et du sentiment enrichissaient votre esprit et nourrissaient votre cœur. Livrée au plus grand monde comme à l'étude, tout ce qui occupait la société était de votre ressort; hors la médisance. Vous n'aviez ni le temps ni la volonté de relever un ridicule et vous vouliez ignorer celui qui ne vous avait pas rendu justice.

Votre mémoire est précieuse à tous ceux qui vous ont connue particulièrement et qui ont été à portée de voir l'étendue de votre esprit et la grandeur de votre âme. Si l'hommage que je vous rends, Madame, était digne de celle à qui je m'adresse, il serait immortel.

Je voulais de mon cœur, éternisant l'hommage,
Emprunter la langue des dieux,
Et vous parler votre langage:
Je voulais dans mes vers peindre la vive image
De ce feu, de cette âme, et de ces dons des cieux,
Qui sont dans vos discours et qu'on voit dans vos yeux,
Et qui me consolaient des ennuis de la vie;
Le projet était grand mais faible est mon génie.

L'univers a perdu la sublime Émilie!
Elle aima les plaisirs, les arts, la vérité.
Les dieux en lui donnant leur âme et leur génie,
N'avaient gardé pour eux que l'immortalité.

Fin

Bibliographie

Sources

CHÂTELET, Émilie du. *Lettres de la Marquise du Châtelet*, précédées d'une notice historique d'Eugène Asse. Paris, Charpentier, 1878.

CLAIRAUT, Alexis, *Éléments de géométrie,* P. David fils, 1741.

DESCARTES, René. *Discours de la Méthode pour bien conduire sa raison et chercher la vérité dans les sciences. Plus la Dioptrique, les Météores et la Géométrie, qui sont des essais de cette méthode.* Leyde, 1637, rééd. Nathan, 1999 (« les intégrales de philo »).

— *Méditations métaphysiques.* Paris, 1647 [Descartes avait d'abord publié ce texte en latin en 1641].

— *Les météores* [contenus dans le *Discours de la Méthode*].

— *La géométrie* [contenus dans le *Discours de la Méthode*], rééd. Jacques Gabay, 1991.

— *Règles pour la direction de l'esprit.* Le Livre de poche.

— *Les Passions de l'âme,* Paris, 1649, rééd. Le Livre de poche.

EINSTEIN, Albert. *La Théorie de la relativité restreinte et généralisée (mise à la portée de tout le monde),* 1916 [Traduit en français en 1921], rééd. Petite bibliothèque Payot, 2001.

LOCKE, John. *An Essay concerning human understanding,* 1690

[Traduit en français sous le titre *Essai philosophique concernant l'entendement humain,* en 1700; rééd, Paris, Champion, 2004; Vrin, 2001].

NEWTON, Isaac. *De la gravitation, suivi de Du mouvement des corps,* présentés par François de Gandt. Paris, Gallimard, 1995.

MAUPERTUIS, Pierre-Louis Moreau de. *Discours à l'Académie sur Newton*, 1724.

— *Discours sur les différentes figures des astres, d'où l'on tire des conjectures sur les étoiles qui paroissent changer de grandeur, et sur l'anneau de Saturne, avec une exposition abbrégée des systèmes de M. Descartes et de M. Newton, par M. de Maupertuis*, 1732.

— *Discours de réception de M. de Maupertuis à Académie,* 27 juin 1743.

— *La vénus physique*, 1745.

POINCARÉ, Henri. *La science et l'hypothèse*, Flammarion, 1902, rééd. Flammarion, 1968.

VOLTAIRE, *Œuvres complètes,* cd-rom, Daniel Boudin, 1998-2002 (en vente sur le site *http://perso.wanadoo.fr/dboudin/*). Cette édition reprend celle de Moland (Garnier, 1875). Toutes les œuvres citées ci-dessous s'y trouvent.

— *Les lettres philosophiques* ou *Lettres anglaises* [1733].

— *Les éléments de la philosophie de Newton [*1738].

— *Épître contre la calomnie*

— *Alzire, ou les Américains.* Paris[1736, Tragédie dédiée à la Marquise Du Châtelet].

— *Adélaïde du Guesclin*, [Tragédie représentée pour la première fois en 1734]

— *Traité de métaphysique*

— *La Pucelle*

— *La Mule du pape* [1734].

— *Le Comte de Bousoufle,* dans le t. VII des *Œuvres complètes* de Voltaire de l'édition Renouard.

— *Conseils à un journaliste,* dans le t. XII des *Œuvres complètes* de Voltaire publié en 1764 à Amsterdam.

Études

« Les génies de la science : Newton », *Pour la science,* n° 17, novembre 2003.

AUFFRAY, Jean-Paul. *Newton ou le triomphe de l'alchimie.* Paris, le Pommier, 2000.

— *Einstein et Poincaré.* Paris, le Pommier, 1999.

BADINTER, Élisabeth. *Émilie, Émilie : l'ambition féminine au XVIIIe siècle.* Paris, Flammarion, 1983.

BALIBAR, Françoise. *Galilée, Newton lus par Einstein, Espace et relativité.* Paris, PUF, 1986.

BIRNBAUM, Antonia. *Le vertige d'une pensée. Descartes corps et âme.* Lyon, Horlieu éditions, 2003.

FABRE, Nicole. *Inconscient de Descartes.* Paris, Bayard, 2003.

GRENET, Micheline. « Voltaire et l'astronomie », *Ciel et espace,* n° 328, sept. 1997, pp. 66-70.

ORIEUX, Jean. *Voltaire ou la Royauté de l'esprit.* Paris, Flammarion, 1966 [réédité en 1999].

Dépôt légal : janvier 2005
Achevé d'imprimer le 15 janvier 2005
Sur les presses d'Évidence
N°d'imprimeur : 2131